PROZESSRECHTLICHE ABHANDLUNGEN
HERAUSGEGEBEN IN GEMEINSCHAFT MIT
HEINRICH B. GERLAND · AUGUST HEGLER
EDUARD KOHLRAUSCH · JOHANNES NAGLER
VON
JAMES GOLDSCHMIDT
V

REFORM DES INTERVENTIONSPROZESSES

EIN BEITRAG ZUR NEUGESTALTUNG DES ZIVILPROZESSRECHTS

VON

DR. ERNST COHN
PRIVATDOZENT AN DER UNIVERSITÄT
FRANKFURT A. M.
GERICHTSASSESSOR

Springer-Verlag Berlin Heidelberg GmbH 1931

ISBN 978-3-642-98741-0 ISBN 978-3-642-99556-9 (eBook)
DOI 10.1007/978-3-642-99556-9

Ursprünglich erschienen bei JULIUS SPRINGER IN BERLIN 1931

HERRN GEHEIMEN JUSTIZRAT PROFESSOR

DR. ERNST HEYMANN

IN VEREHRUNG

Vorwort.

Die vorliegende Arbeit ist unter dem Eindrucke eigener praktischer Erfahrungen als Richter und Anwaltsvertreter entstanden. Sie versucht an einem Beispiele zu zeigen, in welcher Weise eine wirksame Reform des geltenden Zivilprozeßrechts ohne Umwälzung seiner bewährten Grundlagen erfolgen könnte.

Entsprechend diesem ausschließlich rechtspolitischen Zweck ist die dogmatische Literatur nur insoweit angeführt worden, als es erforderlich war, um dem Leser eine Kontrolle der hier gegebenen Darstellung der herrschenden Praxis zu ermöglichen.

Eine Reihe befreundeter Praktiker haben die Güte gehabt, mich durch kritische Bemerkungen zu dem fertigen Entwurf zu unterstützen. Ich verdanke ihnen zahlreiche und wertvolle Anregungen. Es ist mir eine angenehme Pflicht, den Herren Amtsgerichtsrat RÜFFER (Breslau), Amtsgerichtsrat Dr. WEBER (Breslau), Rechtsanwalt Dr. SCHOTTLÄNDER (Breslau) und Gerichtsassessor WILHELM COHN (Oels) auch an dieser Stelle meinen herzlichsten Dank auszusprechen. Eine Reihe bedeutsamer Hinweise verdanke ich ferner meinem Kollegen Priv.-Doz. Dr. ERICH SCHWINGE (Bonn), der sich freundlichst der Mühe unterzogen hat, das Manuskript der Arbeit durchzusehen.

Ich hatte ursprünglich geplant, das Thema dieser Schrift innerhalb der demnächst erscheinenden „Beiträge zum Wirtschaftsrecht" zu behandeln, die ERNST HEYMANN gewidmet worden sind. Der Umfang, den die Arbeit erreichte, ließ ihre gesonderte Veröffentlichung angezeigt erscheinen. Möge die Schrift in der Vereinzelung, in der sie vorgelegt wird, nicht allzu unwürdig der Widmung erscheinen, die sie auch in ihrer nunmehrigen Gestalt tragen darf.

z. Z. Kiel, Februar 1931.

ERNST COHN.

Inhaltsübersicht.

I. Grundsätzliches.

A. Typenkasuistik als legislatorische Methode.

Die Tendenz zur Verallgemeinerung, durch die die Gesetzgebung des vorigen Jahrhunderts charakterisiert wird, hat neben all den unleugbaren Vorteilen, die sie mit sich gebracht hat, hier und da zu einer Schablonisierung geführt, deren schädliche Auswirkungen sich heute kaum noch verkennen lassen dürften. Um so verwunderlicher ist es, daß in den zahlreichen Reformplänen auf dem Gebiete des Prozeß- und Vollstreckungsrechts so überaus selten der Versuch gemacht wird, statt an den großen grundlegenden Prinzipien[1] lieber an ihren einzelnen typischen Erscheinungsformen bessernde Hand anzulegen. Es steht von vornherein zu vermuten, daß *jedes* grundlegende Prinzip in seiner Durchführung für eine mehr oder weniger große Anzahl von Fällen zu mehr oder weniger unliebsamen Folgen führen muß. Diese Folgen kann man deshalb nicht dadurch beseitigen, daß man das eine Prinzip mit einem andern vertauscht, sondern ausschließlich dadurch, daß man die Fälle, in denen die gerade geltende Regelung versagt, möglichst vollständig zu ermitteln und für sie eine Sondervorschrift zu treffen sucht, die je nach Bedarf das Prinzip abschwächt oder gänzlich außer Kraft setzt. Das erfordert freilich eine legislatorische Vorarbeit, die nicht nur durchaus rechtstatsächlich orientiert sein, sondern auch ihren Ausgangspunkt nicht sowohl von prozessualen Begriffen einerseits oder gar allgemeinen Billigkeitserwägungen andererseits als vielmehr von lebensmäßigen, typischen Gesamterscheinungen nehmen muß. Güte- und Streitverfahren, Amts- und Kollegialgerichtsprozeß, Verfahren in der ersten und Verfahren in der zweiten Instanz: alle diese Begriffspaare haben gewiß ihre große Bedeutung, die weder vom dogmatischen noch vom rechtspolitischen Standpunkt unterschätzt werden darf. Aber man sollte darüber nicht versäumen, auch die Frage aufzuwerfen, ob nicht

[1] Gedacht ist beispielsweise an das Kollegialrichterprinzip, den Grundsatz der Zulässigkeit von Rechtsmitteln gegen jede Entscheidung, die Klagbarkeit auch der kleinsten Summen, die Vorschläge zur Einschränkung des Zeugenbeweises und auf Einführung eines strengeren Formzwanges, die Verleihung von Gesetzeskraft an RG-Entscheidungen u. ä. m.

Kaufpreisklagen und Interventionsprozesse, Anfechtungsklagen und Unterhaltssachen, Regreßprozesse gegen den Fiskus oder Beamte, Verkehrsunfallsachen[1] und noch manches andere mehr gleichfalls sachliche Einheiten darstellen, die einer gesonderten rechtspolitischen Untersuchung und vielleicht auch in mancher Beziehung einer besonderen gesetzlichen Regelung bedürftig und fähig sind.

Die Erkenntnis von der großen praktischen Bedeutung derartiger lebensmäßiger Kategorien ist in ständigem unzweifelhaftem Steigen begriffen. Die immer stärker zunehmende Abgrenzung der geschäftsordnungsmäßigen Kompetenz der einzelnen Abteilungen größerer Gerichte nach *sachlichen* Gesichtspunkten, die Bildung immer neuer Sondergerichte, die Spezialisierung der Anwaltschaft und der Richter beweist es zur Genüge. Auch im Schrifttum finden sich Ansätze zu einer dogmatischen Behandlung nicht nur des materiellen, sondern auch des Prozeßrechts nach Lebenszusammenhängen. Die Fruchtbarmachung dieses Gedankens für die Rechtspolitik ist daher nichts als die konsequente Weiterführung einer Entwicklung, deren Bestehen auf den verschiedensten Gebieten des Rechtes mit hinreichender Deutlichkeit für die Stärke der wirtschaftlichen Bedürfnisse zeugt, die ihre Entstehung veranlaßt haben.

Es ist dabei alsbald vor dem naheliegenden Irrtum zu warnen, als ob das, was beabsichtigt ist, etwa auf eine bloße Wiederauffrischung der kasuistischen Methode des ALR. hinausläuft. Ganz im Gegenteil: die großen Vorzüge der begrifflichen Generalisierung für die Technik der Gesetzgebung sollen nicht verkannt, die durch sie erreichten Positionen keineswegs aufgegeben werden. Aber es gilt, neben das System der Generalnormen, das für die in der Praxis so häufigen atypischen Fälle völlig unentbehrlich ist und in den meisten typischen Fällen durchaus brauchbare Dienste leistet, ein weiteres, engeres System anzuschließen, das die von den Generalnormen nicht befriedigend erfaßten typischen Formen zu regeln versucht. Auch dieses System ist nicht kasuistisch in dem Sinne, in dem die Gesetzgebung des 18. Jahrhunderts es zu sein versuchte: es sucht nicht, möglichst viele Einzelfälle zu erfassen und dadurch sich dem Ideal einer erschöpfenden Regelung zu nähern. Dieses Ziel wird von dem abstrahierenden System der Generalnormen mit weit größerer Sicherheit und mit erheblich besserem Erfolge erreicht. Vielmehr sollen lediglich auf der Grundlage der Rechtstatsachenforschung diejenigen typischen, immer wiederkehrenden Fälle ermittelt werden, für die die Generalnormen nicht passen, und die daher einer Sonderregelung nach irgendeiner Richtung hin bedürfen — eine

[1] Vgl. Nelson und Proskauer in den Druckschriften des Deutschen Anwaltvereins Nr. 17 u. 23, mit weiteren Literaturangaben.

legislatorische Methode, die in bescheidenem Umfange und fast unbewußt auch bisher schon stets und von allen Gesetzgebern geübt worden ist[1], die aber in dem gegenwärtigen Stadium unserer zivilisatorischen Entwicklung mit ihrer zunehmenden Komplizierung aller wirtschaftlichen Verhältnisse Anspruch auf wesentlich stärkere Berücksichtigung erheben darf.

Letzteres gilt ganz besonders auf dem Gebiete des Zivilprozeßrechts. Kaum ein anderer Teil der Rechtsordnung bedarf in gleichem Maße wie dieser der Anpassung an die jeweiligen wirtschaftlichen und kulturellen Verhältnisse. Fehlt es doch hier in sehr weitem Umfange an derjenigen Möglichkeit zur Fortbildung und Ausgestaltung des Rechts, die innerhalb des materiellen Zivilrechts bereits seit den ältesten Zeiten von der größten Bedeutung gewesen ist: der Gestaltung des Rechtslebens durch die Disposition der Parteien. Was für das Zivilrecht der Kautelarjurist leistet, muß für das Prozeßrecht von dem Gesetzgeber selbst geleistet werden. Von dem Kautelarjuristen muß der Gesetzgeber darum die Methode übernehmen. Wie dieser darf er nicht auf „Logik" und „Ästhetik" des Aufbaues blicken. Wie dieser soll er Ausführlichkeit in der Erörterung und Zulassung zahlreicher Ausnahmen von den eigenen Regeln nicht scheuen, wenn die Bedürfnisse des Lebens sie erheischen. Wie dieser muß er der Auswirkung seiner Regeln in der Praxis, der möglichen und wahrscheinlichen Bedürfnisse, für die die getroffene Regelung versagt, der Listen und Ränke gedenken, denen sie möglicherweise nicht gewachsen sein könnte.

Daß das geltende Prozeßrecht der Aufgabe, die ihm dergestalt gesetzt ist, nicht mehr hinreichend gerecht wird, bedarf heute keines Beweises mehr. Daraus folgt aber keineswegs, daß es einer Umgestaltung von Grund auf bedürfte, wie sie jetzt vielfach gefordert wird. Man wirft auch ein stumpf gewordenes Messer nicht fort, sondern man versucht zunächst, es aufs neue zu schleifen. Die bewährte Gesamtstruktur unserer Prozeßordnung völlig umzubiegen[2], bietet sich kein zureichender Anlaß. Der Versuch, würde er mit den Mitteln der bisherigen, allzu stark abstrahierenden Gesetzgebungstechnik unternommen, wäre zudem von Anfang an zum Scheitern verurteilt. Die Verschiedenheit der Fälle, für die eine moderne Prozeßordnung Geltung beanspruchen muß, führt mit Notwendigkeit dazu, daß jedes Verfahren für eine gewisse Anzahl von Fällen versagen muß. Daraus erklärt sich auch letzten Endes zum

---

[1] Man vgl. z. B. statt aller im BGB. die zahlreichen Sondervorschriften über die Waldgüter oder die Fassung der §§ 15—17, in der ZPO. die Regeln über die Ehe- und Kindschaftssachen.

[2] Kennzeichnend für diese Art der Behandlung ist insbesondere die Darstellungsweise SCHIFFERS. Vgl. z. B. nur die „Deutsche Justiz", S. 177f., 207f., 217f., 222f., 227 u. ö.

guten Teile die Fruchtlosigkeit mancher Teile der gegenwärtigen Prozeßreformdebatte. Jeder Reformator wird imstande sein, eine Gruppe „typischer Prozesse“ aufzuführen, für die seine Vorschläge sehr gut passen, während seine Gegner eine oft nicht minder große Gruppe aufzuzeigen vermögen, für die der Vorschlag ganz und gar nicht am Platze zu sein scheint[1]. In dieser Situation zu helfen, ist nur eine gesetzgeberische Methode imstande, die das wirtschaftlich Verschiedene auch rechtlich verschieden behandelt. Das aber kann nicht anders als in der Weise geschehen, daß man die einzelnen wirtschaftlich typischen Prozeßgattungen zu ermitteln und entsprechend dem jeweiligen Bedürfnis für sie jeweils besondere prozessuale Regeln aufzustellen versucht.

Für eine derartige „wirtschaftlich“ orientierte Ausgestaltung unseres Prozeßrechts bieten sich schon deswegen durchaus günstige Aussichten, weil die kommende Reform des Zivilprozeßrechts sich der Aufgabe nicht wird entziehen dürfen, unser Prozeßrecht innerlich und äußerlich wieder zu vereinheitlichen. Wesentliche prozeßrechtliche Vorschriften sind heute Bestandteile der Gesetze über das Miet- und Pachtschutzrecht geworden. Sie alle sind Ansätze zu jener typisierenden Sonderbehandlung, die hier gefordert wird — freilich nicht durchweg erfreuliche Ansätze, weil sie nicht bloß die Verfahrensgestaltung, sondern auch die Gerichtsverfassung differenziert und dadurch dazu beigetragen haben, jene Sphäre des Mißtrauens gegen die ordentlichen Gerichte zu verstärken, unter der die Arbeit der letzteren noch auf lange Zeit hinaus zu leiden haben wird. Die Zurückführung wenigstens dieser beiden Sonderprozesse in den Rahmen des ordentlichen Prozeßrechts ist ein Postulat, das keiner weiteren Begründung bedarf und dessen Ausdehnung auf weitere Sonderverfahren — namentlich auf das der Arbeitsgerichte und *mancher* zur Zuständigkeit des Reichswirtschaftsgerichts gehöriger Materien — sich nur durch die praktische Aussichtslosigkeit einer solchen Forderung verbietet. Auch jenes Postulat aber wird nur dann Aussicht auf Erfüllung haben, wenn es gelingen wird, innerhalb des ordentlichen Prozesses das wirtschaftlich Besondere rechtlich besonders zu behandeln. So ist die hier vorgeschlagene Gesetzgebungstechnik weit davon entfernt, eine Zersplitterung oder gar Auflösung der Einheitlichkeit des geltenden Verfahrensrechts zu veranlassen. Gerade sie wird vielmehr bei zutreffender Anwendung die Möglichkeit bieten, die disiecta membra unseres Zivilprozeßrechts zu jener Einheit zu sammeln, deren Fehlen heute so oft und so schmerzlich vermißt werden muß. Auch hier freilich ist wichtiger als das Grundsätzliche und die Einigung hierüber die Art, in der praktisch die Einzelausgestaltung erfolgt. Deshalb soll im folgenden der Versuch gemacht werden,

[1] Vgl. hierzu die beherzigenswerten Worte von James Goldschmidt, JW. 1930, 541.

an einem *Beispiel* die Möglichkeit der Durchführung einer solchen legislatorischen Methode — man kann sie als „*typenkasuistische*" *Gesetzgebungstechnik* bezeichnen — darzutun.

Zu dieser Probe „typenkasuistischer" Gesetzgebungstechnik den Interventionsprozeß zu wählen, bot sich deshalb der Anlaß, weil es den Anschein hat, als ob seine Bedeutung für die Praxis gerade gegenwärtig eine kaum zu überbietende Höhe erreicht hat, und weil, wie alsbald zu zeigen sein wird, gerade hier die abstrahierende Methodik unserer Prozeßordnung in mehr als einem Punkte zu erheblichen Mißständen innerhalb der Praxis geführt hat[1].

Die *Abgrenzung* der Gruppe von Prozessen, die wir im folgenden im Auge haben, ist ohne jede Schwierigkeit vorzunehmen. Es handelt sich um Klagen, mit denen Ansprüche aus § 771 ZPO. geltend gemacht werden. Hinsichtlich der genauen Abgrenzung des Kreises der hierher gehörigen Ansprüche kann an dieser Stelle, an der es nicht darauf ankommt, Dogmatik zu treiben, auf die in den Kommentaren verzeichneten Ergebnisse beherrschenden Lehre verwiesen werden, die im großen und ganzen rechtspolitischen Bedenken nicht unterliegen[2]. Eine gesetzgeberische Beseitigung der noch immer bestehenden bekannten Streitfragen auf diesem Gebiete würde keinem praktischen Bedürfnisse entsprechen und ist daher im Interesse der Elastizität der Rechtsentwicklung zu unterlassen.

B. Interventionsprozeß oder Interventionsbeschwerde?

Allerdings ließe sich der Wahl gerade des Interventionsprozesses als Versuchsobjekt vielleicht ein naheliegender grundsätzlicher Einwand entgegenhalten. Man könnte nämlich zweifeln, ob es überhaupt nötig sei, die Geltendmachung von Rechten Dritter an den in der Zwangsvollstreckung gepfändeten Gegenständen gerade auf den Prozeßweg zu verweisen. Man könnte glauben, daß es vielleicht richtiger sei, wenn man die Intervention Dritter nicht anders behandeln würde, als Streitigkeiten innerhalb der Zwangsvollstreckung auch sonst behandelt werden, daß man sie also in das Erinnerungsverfahren vor dem Vollstreckungsgericht verweisen würde[3].

---

[1] Vgl. KIESEL in Creditreform, **1928**, 181; RÖDER: daselbst **1927**, 215. In manchen Prozeßabteilungen großstädtischer Amtsgerichte bilden, wie dem Verfasser bekannt geworden ist, die Interventionssachen über 30% aller überhaupt streitig verhandelten Prozesse.

[2] Vgl. insbes. STEIN-JONAS: § 771, II 1; ROSENBERG: Lehrb., § 191 III 2; JAMES GOLDSCHMIDT: Zivilprozeßrecht, S. 236ff.

[3] Soweit bekannt, wird diese Gestaltung für die in Aussicht genommene Reform des Prozeßrechts von maßgeblicher Seite in Erwägung gezogen.

Allein jener Einwand würde fehlgreifen. Das Beschwerdeverfahren ist auch de lege ferenda nicht der richtige Weg zur Erledigung der Widerspruchsklagen. Daß dieses Verfahren eine verhältnismäßig prompte und zuverlässige Behandlung der ihm jetzt zugeteilten Fälle ermöglicht, spricht nicht dagegen. Denn zwischen der Exekutionsintervention und den Fällen, die gegenwärtig zum Anwendungsbereiche des § 766 ZPO. gehören, besteht ein so wesentlicher Unterschied, daß ihre Gleichsetzung für die Praxis des Prozeßrechts als nicht angängig erscheinen muß. In der Praxis handelt es sich bei den Einwendungen aus § 766 bekanntlich hauptsächlich darum, daß Verstöße gegen die §§ 811, 850, 865 ZPO. behauptet werden. Die Richtigkeit dieser Behauptungen des Beschwerdeführers aber ist in allen hiernach in Betracht kommenden Fällen mit einer Leichtigkeit nachprüfbar, die bei den Interventionsprozessen niemals und bei keiner Gestaltung des Verfahrens[1] zu erreichen sein wird: durch die Einholung einer dienstlichen Aussage des Gerichtsvollziehers. Bekanntlich wickelt sich das Verfahren aus § 766 in der Praxis fast stets so ab, daß das Gericht eine Äußerung des pfändenden Gläubigers sowie eine solche des Gerichtsvollziehers einholt. Es vermag sich auf diese Weise das Tatsachenmaterial mit durchaus hinreichender Genauigkeit zu beschaffen, und die Folge davon ist, daß in aller Regel die Entscheidung unmittelbar auf Grund dieser verhältnismäßig wenig umfangreichen Ermittelungen erfolgen kann.

Davon, daß etwas Ähnliches in den Fällen der Intervention gemäß § 771 angängig sein könnte, kann gar keine Rede sein. Es fehlt hier an der Möglichkeit, durch das Zeugnis eines unparteiischen, geschulten Beamten, wie es der Gerichtsvollzieher ist, die Grundlage der Entscheidung herzustellen. Denn darüber, wem das Eigentum an den gepfändeten Sachen zusteht, vermag der Gerichtsvollzieher natürlich nichts Maßgebliches auszusagen. Es verbliebe also lediglich die Möglichkeit, das für die Entscheidung erforderliche Material von den Parteien zu erhalten. Man könnte deshalb an ein Verfahren denken, das etwa demjenigen der einstweiligen Verfügung entspräche. Allein, wie die Erfahrung lehrt, vermag ein solches Verfahren zuverlässige Entscheidungsgrundlagen höchstens dann zu gewährleisten, wenn eine mündliche Verhandlung stattfindet. Damit aber würde der Vorzug des Beschwerdeverfahrens vor dem Prozeßverfahren zum erheblichen Teile entfallen; denn die Anberaumung eines Termines bedeutet notwendig eine Verzögerung, und, daß diese bei der Vielzahl der Interventionsprozesse

---

[1] Auch nicht, wenn man den betreibenden Gläubiger aus seiner Stellung als dominus litis der Vollstreckung verdrängt und an seine Stelle nach dem Muster der österreichischen Prozeßordnung das Vollstreckungsgericht setzt. Vgl. hierzu SAUERLÄNDER: Judicium I, S. 88ff., und NEUNER: daselbst, S. 253f.

einen ganz anderen Umfang als diejenige einnehmen würde, die jetzt bei den einstweiligen Verfügungen eintritt, wenn das Gericht eine mündliche Verhandlung anordnet, kann keinem begründeten Zweifel unterliegen.

Zweifeln läßt sich aber auch daran, ob ein solches Verfahren wirklich eine Sichtung und Durchdringung des Tatsachenstoffes bringen würde, die es ermöglichen könnte, zu einem wirklich endgültigen Urteil zu gelangen. Es ist eine bekannte Tatsache, daß die einstweiligen Verfügungen in nicht unerheblichem Umfange der Nachprüfung im ordentlichen Verfahren nicht standhalten. Nicht mit Unrecht hat der Gesetzgeber der ZPO. der nur vorläufigen Prüfung auch eine nur vorläufige Entscheidung entsprechen lassen. Man könnte deswegen dem Gedanken Raum geben, auch das Beschlußverfahren über den Antrag des Intervenienten in eine lediglich vorläufige Entscheidung ausmünden zu lassen[1].

Der Gedanke liegt um so näher, als die Neufassung der die Vollstreckbarkeit von Schiedssprüchen und Vergleichen vor dem Schiedsgericht betreffenden Vorschriften ebenfalls ein Beschlußverfahren vorsieht, durch das über die Einwendungen gegen die Vollstreckbarkeit von Schiedssprüchen entschieden werden kann. Das Eigenartige dieses Verfahrens liegt darin, daß nach Wahl des Gerichts entweder eine mündliche Verhandlung stattfinden und durch Endurteil entschieden werden oder aber ohne eine solche Verhandlung ein lediglich für vorläufig vollstreckbar zu erklärender Beschluß ergehen kann. Daß diese Regelung in einer Hinsicht einen großen Vorteil bietet, liegt auf der Hand: sie ermöglicht es von Anfang an, insofern eine Siebung eintreten zu lassen, als diejenigen Fälle, in denen offensichtlich unbegründete Einwendungen erhoben werden, vorab durch einen Beschluß entschieden werden können, der dem Gläubiger die Möglichkeit der Vollstreckung in das Vermögen des Schuldners gewährt[2].

Allein gerade dieser Vorteil würde entfallen, wenn man den Gedanken auf die Exekutionsintervention zu übertragen versuchen wollte. Denn gerade hier bietet sich die Möglichkeit, offensichtlich unbegründete Fälle von vornherein von aller weiteren Erörterung auszuscheiden, schon bei der jetzigen Gestaltung des Verfahrens dadurch auf eine sehr einfache Weise, daß Vollstreckungs- und Prozeßgericht es ablehnen können, die Zwangsvollstreckung einstweilen einzustellen. Dazu aber kommt, daß erfahrungsgemäß gegenwärtig in einer nicht unbeträchtlichen Anzahl von Fällen schon dadurch alle Weiterungen vermieden werden, daß der Intervenient von der Klageerhebung Abstand nimmt, wenn der Pfändungsgläubiger in der vorangehenden Korrespondenz

[1] Das entspräche einer Anregung SAUERLÄNDERS: Judicium I, S. 99.

[2] In den Erwägungen maßgeblicher Stellen spielt, soweit bekannt, auch diese Möglichkeit eine bedeutsame Rolle.

ihm die Aussichtslosigkeit seines Vorgehens mit der nötigen Deutlichkeit klargemacht hat. Für alle diese Fälle würde die Einführung des Beschwerdeverfahrens, das durch das Fehlen des Anwaltzwanges und die geringeren Kosten die Anrufung des Gerichtes ja sehr stark erleichtert, eine nicht unbeträchtliche Vermehrung der von den Gerichten zu leistenden Arbeit bedeuten. Würde vollends der endgültige Bescheid einem andern als dem Vollstreckungsgericht überlassen werden, so würde die Notwendigkeit, dieses damit zu befassen, in vielen Fällen zu einem unnützen Aufwande an Kraft und Zeit führen müssen.

Vor allem aber dürfen zwei grundsätzliche Unterschiede nicht außer acht gelassen werden: die Beschleunigung des Verfahrens bei der Vollstreckbarerklärung von Schiedssprüchen hat deshalb ihren guten Sinn, weil es hier darauf ankommt, dem Gläubiger möglichst bald einen vollstreckbaren Titel zu verschaffen, und weil das Verfahren vor dem Schiedsgericht die Vermutung der Ordnungsmäßigkeit für sich hat. In beiden Beziehungen liegt es bei der Intervention aus § 771 ZPO. gänzlich anders.

Einen vollstreckbaren Titel in die Hand zu bekommen, hat hier für den Gläubiger gar keinen Sinn. Einen solchen Titel hat er ja gerade bereits. Ihm kommt es lediglich darauf an, die Vollstreckung aus seinem Titel so rasch als möglich durchzuführen. Gerade diese Möglichkeit aber kann ihm nur durch eine endgültige, nicht durch eine bloß vorläufige Entscheidung gegeben werden. Zu einer solchen Entscheidung wird man indessen kaum anders als durch ein Verfahren gelangen können, das durch seine gesamte Gestaltung Gewähr für eine wirkliche Klärung des — rechtlich und tatsächlich meist verwickelten — Streitstandes bildet. Zu den wichtigsten dieser Garantien gehört die Mündlichkeit, die Einhaltung gewisser Fristen für Einlassung und Ladung, die Eröffnung von Rechtsbehelfen, bei größeren Objekten der Anwaltszwang usw. Alle diese Garantien bietet nur das ordentliche Prozeßverfahren. Man wird daher kaum umhin können, es bei seiner Verwendung für die Erledigung der Interventionsstreitigkeiten zu belassen.

Die Dinge lägen freilich anders, wenn die Interventionsklagen in der Mehrzahl oder doch in einer Vielzahl von Fällen unbegründet wären und sich diese Fälle unbegründeter Klagen unter den übrigen mit Leichtigkeit herausschälen ließen. Daß derartige ungerechtfertigte Klagen, die lediglich die Verzögerung der Vollstreckung bezwecken oder auf einer Kollusion zwischen Schuldner und Kläger beruhen, praktisch keine Seltenheit sind, wird niemand bezweifeln, der die Praxis kennt. Daß aber kaum eine Aufgabe schwerer ist als die, diese Fälle herauszuerkennen, neben denen auch durchaus anders geartete keineswegs nur vereinzelt praktisch werden, ist nicht minder sicher[1]. Man muß sich

[1] Darauf hat schon SALINGER: Veröff. d. 31. DJT., Gutachten I, 448, hingewiesen.

dabei vor Augen halten, daß bei der Behandlung der Interventionssachen die Besitzpräsumtion nicht nochmals zur Rechtfertigung einer Schlechterstellung des Intervenienten herangezogen werden kann, nachdem sie bereits die Vornahme der Pfändung in das nicht dem Schuldner gehörige Vermögensstück ermöglichte[1]. Wirtschaftlicher Betrachtung erscheint die Berechtigung der Besitzpräsumtion zudem ohnehin als im Absteigen begriffen[2]. Bei der heutigen Verflechtung der Wirtschaftsbeziehungen spricht in vielen Fällen durchaus keine sehr große Wahrscheinlichkeit mehr dafür, daß ein Schuldner nicht mit fremden Maschinen arbeitet, fremde Waren verkauft oder in fremden Büchern liest. Ganz anders liegt es in denjenigen Fällen, die das Gesetz über das schiedsrichterliche Verfahren regelt: in bei weitem der Mehrzahl von ihnen sind die Einwendungen, die gegen das Verfahren des Schiedsgerichts erhoben werden, nicht begründet. Denn die wenigen grundlegenden Vorschriften, deren Verletzung allein die Erhebung der Widerspruchsklage rechtfertigt, werden kaum jemals von den Schiedsgerichten übertreten. Die meisten Versuche, die Aufhebung zu erreichen, dienen also lediglich der Verschleppung oder der Erzwingung eines Entgegenkommens des Gegners im Verhandlungswege.

C. Sicherungsübereignung und Intervention.

Wird man sonach daran festhalten müssen, für die Interventionsklagen als solche den Gang des ordentlichen Verfahrens zu belassen, so könnte man doch versucht sein, ihre Zahl dadurch sehr erheblich zu vermindern, daß man aus der Reihe der zur Intervention berechtigenden Rechte das Sicherungseigentum herausnimmt[3]. Der Gedanke scheint auf den ersten Blick überaus einleuchtend: die Sicherungsübereignung dient der Umgehung des pfandrechtlichen Besitzerfordernisses, sie bewirkt im Konkurse nur das Entstehen eines Absonderungsrechtes; darum soll sie auch innerhalb der Einzelzwangsvollstreckung keine anderen Rechtsfolgen haben, als sie einem Pfandrecht zukämen, also nur ein Vorrecht am Erlöse gemäß § 805 ZPO. gewähren[4].

---

[1] Vgl. Jonas: JW. **1930**, 2071.

[2] Vgl. Bauer-Mengelberg: ZZP. **55**, 179.

[3] Im Leipziger Amtsgerichtsbezirk soll schon im Jahre 1910 ein Prozentsatz von 40% aller Widerspruchsklagen aus § 771 auf Sicherungsübereignung gegründet gewesen sein. Vgl. den Bericht des Deutschen Handelstages über die Sitzung vom 27. Oktober 1910 (50. Jahrg.), S. 7. Heute dürfte dieser Anteil eher noch höher sein.

[4] So bekanntlich de lege lata schon 1912 Hellwig in seiner Schrift „Gläubigernot" (vgl. ferner Schriften des Vereins „Recht und Wirtschaft" I, H. 3, 154). Der Gedanke hat seitdem vielfach Zustimmung gefunden. Eine erschöpfende Übersicht an dieser Stelle ist nicht beabsichtigt. Man vgl. nur etwa von zustimmenden Äußerungen Hoeniger: JW. **1927**, 627 u. 717,

Es muß indessen behauptet werden, daß mit diesem Versuch, so verführerisch er auf den ersten Blick scheint, nicht nur nichts oder doch sehr wenig gewonnen wäre, daß vielmehr dadurch ein ernsthafter Schaden gerade in denjenigen Fällen angerichtet werden würde, in denen die Sicherungsübereignung am allermeisten einem ernsthaften Bedürfnisse der Wirtschaft entspricht.

Um das Positive vorwegzunehmen: es ist denkbar, daß in einigen Fällen in der Tat Interventionsklagen mit Rücksicht darauf unterbleiben würden, daß die gepfändeten Stücke der Versteigerung auf keinen Fall entzogen werden können. Aber es ist zu bestreiten, daß dies häufiger als in vereinzelten Fällen zutreffen würde. In all den Fällen, in denen es dem (böswilligen) Intervenienten in erster Reihe darauf ankommt, dem Schuldner den wirtschaftlichen Wert der Sache nach Möglichkeit zu erhalten und dem Gläubiger so wenig als nur irgend möglich zukommen zu lassen, kann er diese Absicht ganz ungehindert auch dann durchsetzen, wenn die Sicherungsübereignung nur den rechtlichen Wert eines Pfandrechts besitzt. Der Gläubiger selbst hätte von der Änderung nicht den geringsten Vorteil. Ob die Versteigerung mit Rücksicht auf die drohende Intervention unterbleibt, oder ob der Versteigerungserlös bis zur Entscheidung des Streites mit dem Intervenienten hinterlegt und im Falle eines Obsiegens der Intervention an diesen abgeführt wird, bedeutet für ihn wirtschaftlich gar keinen Unterschied[1].

Vielleicht könnte man sich mit dieser kaum bezweifelbaren Geringfügigkeit des zu erwartenden Nutzens jener in Erwägung gezogenen Änderung abfinden, wenn im übrigen von ihr eine Schädigung berechtigter wirtschaftlicher Interessen nicht zu erwarten wäre. Gerade diese Befürchtung aber entbehrt leider keineswegs der Begründung. Das

---

1928, 2371; Bankarchiv **26**, 265; Sicherungsübereignung von Warenlagern, 2. Aufl. (1912) S. 37; OTTO HEIN: Handbuch der Zwangsvollstreckung, 2. Aufl. (1914) S. 137f.; MÖLLER: JW. **1912**, 721; LIEBISCH: JW. **1928**, 946ff.; KERNERT: Stellung des Sicherungseigners gegenüber Zwangsvollstreckungen des Gläubigers (Leipz. rechtsw. Stud. H. 54, 1930), S. 11 sowie in JW. **1930**, 2763; WEISMANN: Lehrb. II, 106, Ziff. 6; ferner MAX WOLFF: JW. **1930**, 1470ff.; das bekannte Gutachten des Reichsfinanzhofs RFH. **19**, 163ff. und dazu RGZ. **124**, 73ff. sowie LIEBISCH: a. a. O. mit weiteren Angaben aus der umfangreichen steuerrechtlichen Literatur. Ablehnend geäußert haben sich auch unter Berücksichtigung wirtschaftlicher Gründe namentlich BOSCHAN: JW. **1912**, 9; OLG. Danzig: JW. **1927**, 717; WEIGERT: JW. **1928**, 63; BAUER-MENGELBERG: JW. **1930**, 2911 und ZZP. **55**, 179, sowie mit ausführlicher Begründung SALINGER in dem Gutachten des 31. DJT. (1912) I, 452f. BAUMBACH: § 771 B, teilt de lege lata die hier vertretene Meinung, will aber anscheinend de lege ferenda anders entscheiden. — Bei der Vorbereitung der bevorstehenden Reform des Prozeßrechts dürfte auch dieser Gedanke von manchen als aussichtsreich angesehen werden.

[1] So schon SALINGER: a. a. O. In gleichem Sinne BAUER-MENGELBERG: JW. **1930**, 2911 und ZZP. **55**, 179.

ergibt sich, wenn man sich einmal die Frage vorlegt, welche Gründe typischerweise innerhalb des Verkehrs zur Vornahme von Sicherungsübereignungen Veranlassung geben. Hierbei zeigt sich, daß es sich bei den Sicherungsübereignungen keineswegs immer, ja vielleicht nicht einmal in der Regel aller Fälle, darum handelt, daß ein bereits gewährter Kredit gesichert werden soll. Im Gegenteil: diejenigen Fälle, in denen die Sicherungsübereignung wirtschaftlich und rechtlich dem geringsten Bedenken unterliegt, sind gerade so gelagert, daß *bei der Gewährung* eines Kredites zu dessen Ermöglichung dem Gläubiger sicherungshalber Waren übereignet werden. Werden nun die übereigneten Werte — und das geschieht doch wohl in der überwiegenden Mehrzahl aller Fälle — so abgemessen, daß sie mit dem gewährten Kredit im wesentlichen die gleiche Höhe erreichen, so würde die Neugestaltung einen sehr seltsamen Erfolg haben. Jeder beliebige Gläubiger wäre nämlich in der Lage, durch eine Pfändung des übereigneten Gegenstandes diesen zur Versteigerung zu bringen — zu einer Versteigerung, deren Erfolg freilich nicht in einer Befriedigung des pfändenden Gläubigers, wohl aber in einer solchen des Darlehnsgebers bestehen würde, dessen Forderung vermutlich überhaupt noch nicht fällig, jedenfalls aber noch gar nicht eingeklagt war. Der wirtschaftliche Nutzeffekt dieses Vorgangs wäre, da ja infolge der Sicherungsübereignung der Pfändungsgläubiger garnichts erhält, gleich Null. Der Schaden aber, der auf der andern Seite entsteht, kann unter Umständen ein sehr großes Ausmaß erreichen. Denn in vielen Fällen wird durch die Versteigerung der Versuch, den Betrieb des Schuldners durch das ihm gewährte Darlehn zu sanieren, glatt zum Scheitern gebracht worden sein[1]. Man kann sich einigermaßen ausmalen, in welcher Weise gewandte Konkurrenten des Schuldners auf dessen Gläubiger einwirken würden, um sie zu veranlassen, möglichst bald ihre Befriedigung im Wege der Vollstreckung zu suchen!

Diese Gefahr des unvorhergesehenen und unabwendbaren Scheiterns auch des ernsthaftesten Sanierungsversuches würde natürlich nicht ohne Einfluß auf das Stattfinden solcher Versuche bleiben können. Man denke z. B. an einen illiquide gewordenen Fabrikationsbetrieb mittlerer Größe, der sich die zur Erzielung des erforderlichen Umsatzes nötigen Mittel durch ein Darlehn von befreundeter oder dem Inhaber durch Verwandtschaft verbundener Seite beschaffen will. In solchen Fällen wird es vielfach gar nicht möglich sein, den Darlehnsgeber durch

[1] Dagegen kann natürlich nicht eingewandt werden, der Darlehnsgeber könne ja, wenn er den Schuldner sanieren wolle, diesem nun wieder den Versteigerungserlös zuführen. Denn daß dieser den wahren Wert der versteigerten Sachen nicht deckt, versteht sich von selbst, und der Schuldner seinerseits wird in den wenigsten Fällen noch so viel besitzen, um auch jetzt noch das Darlehn hinreichend sichern zu können.

eine Übereignung des Warenlagers zu sichern. Die bloßen Materialien vor ihrer Verarbeitung haben keinen hinreichenden Wert; sobald sie verarbeitet sind, werden sie regelmäßig nach kurzer Frist an die Abnehmer versandt, stehen also dem Verarbeiter nicht mehr zur Verfügung. Der Zession der Außenstände stehen bekanntlich Schwierigkeiten entgegen, die gerade in mittleren Betrieben oft nur unter einem allzu großen Kostenaufwand überwunden werden können[1]. In solchen Fällen bleibt gar nichts anderes übrig, als zu einer Übereignung der Arbeitsgeräte des Betriebes zu schreiten. Diese aber werden, wenn der Kredit nur einigermaßen größeren Umfang erreicht, nur sehr selten eine volle Deckung darstellen können. Über diesen Mangel pflegt sich indessen der Darlehnsgläubiger durch die Erwägung hinwegzutrösten, daß, solange die Arbeitsgeräte vorhanden sind, der Betrieb als solcher intakt und die Möglichkeit, Gewinne zu erzielen und aus ihnen schließlich die Schuld abzutragen, erhalten bleibt. Diese Erwartung würde unbegründet sein, wenn die Sicherungsübereignung nur wie ein Pfandrecht wirken würde. Denn dann würde jeder dritte Gläubiger die Möglichkeit haben, die übereigneten Stücke zur Versteigerung zu bringen und damit nicht nur diese Erwartung, sondern überhaupt den gesamten Sanierungsversuch zunichte machen zu können. Wer Kredit in der gedachten Weise zu geben beabsichtigt, wird sich die Möglichkeit eines derartigen Scheiterns seiner Bemühungen und der dadurch bedingten Vergrößerung seines Risikos ernsthaft vor Augen halten müssen. Es steht deshalb mit an Sicherheit grenzender Wahrscheinlichkeit zu vermuten, daß eine Neuregelung von der Art der hier in Erwägung gezogenen Sanierungen in großem Umfange verhindern würde. Das aber ist gerade bei der gegenwärtigen Lage der Wirtschaft nicht tragbar.

Es ist um so weniger tragbar, wenn man sich vorstellt, wer schließlich die Nutznießer sein würden, wenn die zur Sicherheit übereigneten Sachen versteigert und statt der Stücke selbst ihr Erlös an den Darlehnsgeber zur Ausschüttung gelangen würde. Diese Nutznießer würden einzig und allein die an dem wirtschaftlich wertvollen Vorgange der Sanierung gänzlich unbeteiligten Personen sein, die die übereigneten Stücke in der Versteigerung für billiges Geld erstehen würden.

Man könnte einwenden, daß die Regelung, die hier bekämpft werde, in den Fällen, in denen § 805 ZPO. jetzt zur Anwendung gelange, längst Rechtens sei. Dem Einwand kann indessen nur zustimmen, wer mit den Verhältnissen des praktischen Wirtschaftslebens gänzlich außer

---

[1] Der Gläubiger muß in der Lage sein zu überwachen, wie groß in jedem einzelnen Augenblick seine Sicherung ist. Daraus ergibt sich die Notwendigkeit, ihm fortlaufend Mitteilung von allen Veränderungen auf dem Debitorenkonto zu geben, was in vielen Fällen nicht ohne Vermehrung des Büropersonals möglich ist.

Fühlung steht. Bekanntlich stellt den wichtigsten Anwendungsfall des § 805 das gesetzliche Vermieterpfandrecht dar. Dieses Pfandrecht entsteht, eben weil es ein gesetzliches ist, ohne daß es eines Willensentschlusses des Vermieters bedürfte. Wenn dem Vermieter die durch dieses Pfandrecht gewährte Sicherung nicht hinreicht, hat er also nur die Möglichkeit, durch Kündigung des Mietverhältnisses die weitere Kreditierung abzulehnen. Diese Gestaltung durfte der Gesetzgeber ohne jedes Bedenken in Kauf nehmen. Denn die Innehabung eines Geschäftsraums ist die primitivste, selbstverständlichste Grundlage eines jeden kaufmännischen Betriebes. Ein Unternehmen, das nicht imstande ist, die Kosten hierfür aufzubringen, ist also entweder überhaupt nicht sanierungswürdig oder aber für den jetzt von ihm innegehabten, allzu kostspieligen Betriebsraum nicht geeignet. In beiden Fällen besteht weder auf Seiten der Allgemeinheit noch auf Seiten des Schuldners irgendein Interesse an einer Fortdauer des laufenden Mietverhältnisses, d. h. an einer Aufrechterhaltung der durch das Pfandrecht gesicherten Kreditgewährung.

Aus ganz ähnlichen Gründen verfehlt ist der Hinweis auf die „Inkonsequenz“[1], die in der verschiedenen Behandlung des Sicherungseigentums im Konkurse und der Einzelvollstreckung liegen soll. Wo es um die Ermittlung des wirtschaftlich Zweckmäßigen geht — und nur darum geht es innerhalb der Rechtspolitik auf dem Gebiete des Vermögensrechts — müssen die Forderungen logischer Konsequenz außer Betracht bleiben. Es kann hier also ausschließlich gefragt werden, ob diese verschiedene Behandlung wirtschaftlich unangemessen sei. Diese Frage aber muß unbedingt verneint werden. Die Sicherungsübereignung verfolgt den Zweck, dem Schuldner durch Kreditgewährung die Möglichkeit zu ordnungsmäßigem Weiterbetriebe seines Unternehmens zu verschaffen. Nur diese Möglichkeit rechtfertigt die Zulassung dieser Rechtsform, die materiell als Umgehung der Vorschriften über das Faustpfand gewichtigen Bedenken unterliegt. Ist indessen über ein Unternehmen der Konkurs eröffnet worden, so ist damit klargestellt worden, daß der Sanierungszweck nicht erreicht worden ist und auch nicht erreicht werden kann. Deshalb erscheint es nun auch nicht mehr als billig und erforderlich, dem Sicherungseigentümer mehr als das Recht auf Befriedigung aus dem Sicherungsgegenstande zuzusprechen. Kein wirtschaftliches Interesse würde es rechtfertigen, wollte man auch nunmehr noch eine Vollstreckung seitens der übrigen Gläubiger verhindern. Dies alles liegt anders, solange die Vollstreckung noch im Wege der Einzelzwangsvollstreckung erfolgt. Hier muß gerade zugunsten derjenigen Unternehmungen, die noch Sicherungsübereignungen vornehmen

[1] So Hoeniger: JW. **1927**, 717; Möller: JW. **1912**, 721; Hein: Hdb. a. a. O., S. 138; dagegen RGZ. **124**, 73ff.

können, ohne mit den Vorschriften des Anfechtungsgesetzes in Konflikt zu geraten, und die noch immer Kredit erhalten können, zunächst vermutet werden, daß sie sanierungsfähig und sanierungswürdig seien. Es würde darum nicht gebilligt werden können, wollte man ihnen die Möglichkeit, Kredit zu erlangen, dadurch beschneiden, daß man die Rechte aus dem Sicherungseigentum einschränkt, oder wollte man gar die bereits geglückte Kreditaufnahme durch den Zwang zur Befriedigung des Gläubigers im Wege der Versteigerung der übereigneten Pfandstücke wieder rückgängig machen.

Wenn man schließlich in der bisherigen Regelung eine ungerechtfertigte Begünstigung des langfristigen Bankkredits vor dem kurzfristigen Warenkredit hat erblicken wollen, so ist auch das kaum in vollem Umfange zutreffend[1]. Der kurzfristige Warenkredit sucht sich, wo es nötig ist und wo der Lieferant die erforderliche Machtposition innehat, regelmäßig gleichfalls zu sichern — nur eben auf andere Weise: durch den Eigentumsvorbehalt. Im übrigen aber dürfte eine gewisse Bevorzugung des langfristigen Kredits vor dem kurzfristigen schon deswegen durchaus gerechtfertigt sein, weil mit dem ersteren seiner Natur nach ein nicht unerheblich größeres Risiko als mit dem letzteren verbunden ist, und weil gerade in der gegenwärtigen Zeit der Kapitalknappheit bei Warenüberfluß[2] viel oder alles darauf ankommt, trotz der Unsicherheit der wirtschaftlichen Lagerung neben dem kurzfristigen Kredit, der in absehbarer Zeit keiner besonderen Förderung bedürfen wird, auch den langfristigen zu unterstützen und in weitem Umfange sogar durch die Sicherung erst zu ermöglichen[3].

Es wird deshalb nichts anderes übrigbleiben, als die Gestaltung des Interventionsprozesses im Grundsätzlichen in dem gegenwärtigen Zustande zu belassen und die bessernde Hand nur an denjenigen Stellen anzulegen, an denen sich in der Praxis Mängel und Lücken gezeigt haben.

D. Fremde Rechte.

Dieses Ergebnis findet eine Bestätigung, wenn man einen Blick auf die wichtigsten ausländischen Verfahrensrechte und ihre Gestaltung der

[1] So HOENIGER: JW. **1928**, 2371 u. ö.

[2] Man wende nicht ein, das sei ein rein ephemeres Argument, das für eine auf lange Sicht berechnete Reform keine Bedeutung beanspruchen dürfe. Denn gerade für Zeiten wirtschaftlicher Depression ist das Anwachsen der Bedeutung sowohl der Interventionsklagen als der Sicherungsübereignungen charakteristisch. — Vgl. im übrigen HERM. SCHÄFER in der „Voss. Ztg." vom 6. Dezember 1930.

[3] Durchaus zustimmen kann ich HOENIGER dagegen, wenn er sich JW. **1927**, 627 gegen den Übergang noch unbezahlter Ware in das Eigentum des Bankgläubigers wendet. Indessen kann diese Frage natürlich im Zusammenhange mit einer rein prozessualen Neuordnung keinesfalls geregelt werden.

einschlägigen Fragen wirft, wobei das englische Recht wegen seiner stark abweichenden Struktur außer Betracht gelassen werden darf. In den weitaus meisten Prozeßordnungen wird die Überprüfung der Einwendungen, die von Dritten auf Grund von die Vollstreckung hindernden Rechten erhoben werden, auf den Weg des ordentlichen Rechtsstreits verwiesen. Einige Rechte haben sich indessen damit nicht begnügt, sondern durch mehr oder weniger tiefgreifende Sondervorschriften den besonderen Bedürfnissen des Interventionsprozesses Rechnung zu tragen gesucht, weisen also Ansätze jener typenkasuistischen Sonderregelung auf, der hier das Wort geredet werden soll.

Am stärksten schließt sich neben der *japanischen* ZPO. von 1891[1], deren Art. 519 fast wörtlich dem § 771 der deutschen ZPO. entspricht, das *österreichische* Recht der deutschen Regelung an. § 37 I u. II der österreichischen Exekutionsordnung lauten:

> Gegen die Exekution kann auch von einer dritten Person Widerspruch erhoben werden, wenn dieselbe an einem durch die Exekution betroffenen Gegenstande, an einem Teile eines solchen oder an einzelnen Gegenständen des Zubehörs einer in Exekution gezogenen Liegenschaft ein Recht behauptet, welches die Vornahme der Exekution unzulässig machen würde . . .
>
> Ein solcher Widerspruch ist *mittels Klage* geltend zu machen . . .

Irgendwelche Sondervorschriften für diese Klage hat der Gesetzgeber nicht vorgesehen. Das mag zum Teil darin seinen Grund finden, daß das österreichische Recht der Sicherungsübereignung durch Besitzkonstitut die rechtliche Anerkennung verweigert hat[2], und daß infolgedessen die Widerspruchsklage nicht zu derselben Bedeutung wie im Reiche gelangt ist.

Dagegen hat das *schweizerische* Recht, das den Dritten, dessen Recht von dem Gläubiger oder dem Schuldner bestritten wird, gleichfalls auf den Weg der Klage verwiesen hat, der Notwendigkeit, für diesen durchaus besonders gelagerten Fall besondere Regeln vorzusehen, in verhältnismäßig weitem Umfange Rechnung getragen. Art. 106 der Exekutionsordnung weist das Betreibungsamt an, dem Pfändungsgläubiger und dem Schuldner eine Frist von 10 Tagen zu setzen. Läuft die Frist ab, ohne daß der Anspruch des Dritten bestritten worden ist, so gilt er als anerkannt. Die schleunige Abwicklung der Angelegenheit wird durch diese Regelung zweifellos gefördert. Es läßt sich aber der Zweifel nicht unterdrücken, ob nicht die Last rascher Erledigung zu Unrecht anstatt dem Intervenienten dem Pfändungsgläubiger auf-

---

[1] Die Neufassung stammt von 1926. Eine englische Übersetzung erschien von Sozo KOMATSU (the code of civil procedure of Japan, Tokyo 1928).

[2] Vgl. hierzu NEUMANN-LICHTBLAU: Komm. z. Exekutionsordnung (3. Aufl. 1927) zu § 37, Anm. 9a mit ausführlichem Literaturnachweis.

erlegt worden ist. Freilich ist auch der Intervenient nicht berechtigt, die Erledigung beliebig lange hinauszuzögern. Denn Art. 107 verpflichtet das Betreibungsamt, nach der Bestreitung durch den Pfändungsgläubiger oder den Schuldner nunmehr dem Intervenienten eine weitere Ausschlußfrist von 10 Tagen zur Klageerhebung zu setzen. Ob und inwieweit dieser Gedanke für das deutsche Recht fruchtbar gemacht werden kann, wird später zu untersuchen sein. Das Sicherungseigentum wird von der herrschenden Lehre der Schweiz als Eigentum im Sinne des Art. 106 anerkannt[1]. Dagegen stellt die schweizerische Praxis den Eigentumsvorbehalt dem Pfandrecht gleich, so daß die Sache verwertet werden kann und das Verfahren aus den Art. 106—109 sich auf den Kaufpreisrest beschränkt[2]. Daß die Übernahme dieser Regelung sich für unsere Verhältnisse nicht empfiehlt, ist erst neuerdings von RÜHL mit einleuchtenden Gründen dargetan worden. RÜHL hat mit Recht darauf hingewiesen, daß namentlich der Abzahlungshandel eine erhebliche Schädigung befürchten müßte, wenn ihm die Möglichkeit genommen werden würde, durch immer wiederholte Stundung schließlich doch die Zahlung des Preises zu erzielen[3]. An eine Beeinträchtigung dieses Interesses wird gerade in der gegenwärtigen Zeit, in der das Abzahlungsgeschäft mehr als jemals einem wirtschaftlichen Bedürfnis entspricht, im Ernst nicht gedacht werden können.

Auf den Weg des ordentlichen Rechtsstreits hat auch der *Code de procédure civile* die Interventionsklagen verwiesen. Art. 608 des Code de procédure civile lautet:

> Celui qui se prétendra propriétaire des objets saisis ou de partie d'iceux pourra s'opposer à la vente par exploit signifié au gardien et dénoncé au saisissant et au saisi, contenant assignation libellée et l'énonciation des preuves de propriété à peine de nullité: il y sera statué par le tribunal du lieu de la saisie, comme en matière sommaire.
>
> Le réclamant qui succombera sera condamné, s'il y échet, aux dommages et intérêts du saisissant.

Das Bedürfnis, die Zahl der Interventionen einzudämmen und die Erledigung des einzelnen Streitfalles nach Möglichkeit zu beschleunigen, ist hier also sehr wohl erkannt worden[4]. Man hat gesucht, ihm durch drei Mittel abzuhelfen: durch die Aufstellung einer strengen Formvorschrift, deren Verletzung Nichtigkeit verursacht, durch die Verweisung auf den

---

[1] C. JAEGER: Bundesgesetz betr. Schuldbetreibung und Konkurs, zu Art. 106, Nr. 5.

[2] JAEGER: a. a. O.; RÜHL: Eigentumsvorbehalt, S. 164ff. Entscheidungen des Bundesgerichts 37 I, 168.

[3] RÜHL: a. a. O., S. 163ff.

[4] Vgl. dazu GARSONNET et CÉZAR-BRU: Traité théor. et prat. de proc. civ. t. 4 no. 162, S. 342 zu Note 15 u. 16.

summarischen Prozeß der Art. 404ff.[1] und durch die Entstehung einer Schadensersatzpflicht des Intervenienten, wenn die Intervention nicht zum Ziele führt. Alle drei Mittel erscheinen, wenn auch mit den durch die andersartigen Verhältnisse gebotenen Änderungen, auch für das deutsche Recht als nicht unverwendbar. Es wird darauf alsbald noch des näheren einzugehen sein. Nur darf man nicht glauben, daß eine gänzliche Behebung des Übels der Prozeßverschleppung in den Ländern des französischen Rechts gelungen sei. Trotz der so stark konzentrierten Form bereits des allgemeinen französischen Prozesses dauern selbst die Verfahren en matière sommaire in der Praxis noch immer mehrere Monate[2].

Im wesentlichen übereinstimmend mit der in Frankreich getroffenen Regelung ist diejenige, die Art. 647 des *italienischen* Codice di proc. civ. vorsieht. Nur fehlt es hier an den strengen Formvorschriften, wohingegen dem pretore das Recht zugewiesen ist, dem Intervenienten eine Sicherheitsleistung aufzuerlegen.

Ganz besonders umfangreich ist die Regelung, die die *spanische* ley de enjuiciamiento civil von 1881 der Intervention (tercería) gewidmet hat[3]. Näheres Zusehen zeigt jedoch alsbald, daß die Grundgedanken die gleichen wie im französischen und italienischen Recht sind. Zur Entscheidung ist auch hier das Prozeßgericht innerhalb des ordentlichen Verfahrens berufen. Art. 1534 Abs. II bestimmt:

Se substanciaran en pieza separada por los trámites del juicio declarativo que corresponda á su cuantía, conforme a lo prevenido en el art. 488.

Art. 488 Abs. II macht hiervon eine Ausnahme lediglich für die Fälle, in denen ein Streitwert von 500 pesetas nicht erreicht wird „y la demanda fuere incidental en un juicio del que conozca el juez de primera instancia." In allen übrigen Fällen bleibt es bei der vía ordinaria (Art. 488 I). Dem Bedürfnis nach Beschleunigung sucht vor allem Art. 1537 zu entsprechen. Er bestimmt:

Con la demanda de tercería deberá presentarse el título en que se funde, sin cuyo requisito ne se le dará curso[4].

[1] Über die Gründe dieser Anordnung und die Erwartungen, die der französische Gesetzgeber an sie knüpfte, vgl. v. Schrutka-Rechtenstamm: Zur Dogmengeschichte und Dogmatik der Freigebung fremder Sachen (Dogm. Teil 1893), S. 151. Über den erreichten Erfolg vgl. die Ausführungen unseres Textes.

[2] Norden: Rechtsverfolgung in Belgien, S. 236. — Der Code de proc. civ. gilt gegenwärtig bekanntlich außer in Frankreich noch in Belgien und Luxemburg. Vgl. die Ausgabe der luxemburgischen Gesetze von Ruppert: 1903.

[3] Die Art. 1307ff. des für Marokko erlassenen código de procedimiento civil von 1914 stimmen wörtlich mit den Art. 1532ff. des ley de enjuic. civil überein.

[4] Über das Verhältnis von Art. 1537 zu den Art 504ff. vgl. Manresa y Navarro: Commentarios 5. ed., Bd. V zu Art. 1537 (S. 679f.).

Die Konsequenzen, die das spanische Recht zieht, wenn der Erwerbstitel nicht vorgelegt werden kann, sind überaus streng: die tercería kann alsdann nicht erhoben werden[1].

Auch das *schwedische* Recht überläßt die Entscheidung über die Intervention dem ordentlichen Rechtsgang[2]. Wenn es dabei dem Oberexekutor[3] die Befugnis zuspricht, nach seinem Ermessen darüber zu entscheiden, ob die Vollstreckung abgebrochen werden soll, so bedeutet das keinen wesentlichen Unterschied gegenüber dem geltenden deutschen Recht, das die gleiche Befugnis dem Vollstreckungsgericht vorbehalten hat.

Die *bulgarische* Zivilgerichtsordnung von 1891 (Art. 1047ff.) verweist den Interventionsstreit in das abgekürzte Verfahren, das entsprechend dem französischen Prozeß en matière sommaire sich durch einige Sonderbestimmungen, die der beschleunigten Abwicklung dienen, von dem gewöhnlichen Rechtsstreit unterscheidet, aber ebenfalls formelle Klage und formelles Urteil erfordert[4].

Es zeigt sich also, daß die verschiedensten Verfahrensgestaltungen darin übereinstimmen, daß für die Erledigung einer Intervention eines Dritten der Weg eines besonderen Prozeßverfahrens, das in die Zwangsvollstreckung eingeschoben wird, sich immer noch als der vorteilhafteste darstellt. Die Rechtsvergleichung zeigt aber auch, in wie starkem Maße überall das Bedürfnis empfunden wird, den Besonderheiten gerade dieses Verfahrens durch eine Reihe besonderer Bestimmungen gerecht zu werden.

Der im folgenden zu unternehmende Versuch, derartige Sonderregeln auch innerhalb des deutschen Rechtes zu schaffen, kann sich daher zu seiner Rechtfertigung darauf berufen, daß ein Bedürfnis nach einer solchen Ausgestaltung des Interventionsprozesses im Auslande mehrfach anerkannt worden ist. Eine einfache Herübernahme dieser Sonderregeln in unser Recht, das ein Verfahren en matière sommaire nicht kennt und im Interesse der Rechtskontinuität vor allzu tiefen Eingriffen bewahrt bleiben sollte, kommt freilich nicht in Frage. Es bedarf vielmehr einer selbständigen, von unseren Vrhältnissen ausgehenden Nachprüfung der Bedürfnisse und einer Normierung, die nach Möglichkeit das Ziel erreicht, diese Bedürfnisse unter Schonung des bewährten, den deutschen Rechtsanschauungen im wesentlichen gut entsprechenden Gesamtaufbaues unserer ZPO. zu befriedigen. Deshalb

---

[1] MANRESA y NAVARRO: a. a. O., S. 680f.

[2] Vgl. WREDE: Das Zivilprozeßrecht Schwedens und Finnlands (Zivilprozeßrecht der Kulturstaaten Bd. II, 329f.).

[3] Vgl. WREDE: S. 328.

[4] Vgl. Art. 269ff. Eine deutsche Übersetzung der bulgarischen ZPO. erschien von O. C. RECHT (München 1921).

erscheint es zweckmäßig, die Bewährung der jetzt geltenden Regeln in ihren Einzelheiten zu untersuchen und den einzelnen Übelständen, die sich in der Praxis gezeigt haben, nach Möglichkeit abzuhelfen.

Um diese Übelstände zu ermitteln, soll im folgenden der Versuch gemacht werden, historisch die Entstehung und den typischen Verlauf des Interventionsprozesses zu verfolgen und dabei zu prüfen, inwieweit die bisherigen Vorschriften den Ansprüchen, die gestellt werden müssen, nicht Genüge geleistet haben. Dabei kann eine Untersuchung des dem Beginn des Prozesses vorausgehenden Stadiums nicht außer acht gelassen werden, ja, sie ist gerade hier von besonderer Bedeutung, weil sie der rechtlichen Regelung und damit der vorbeugenden Kraft der Rechtsordnung in unvergleichlich stärkerem Maße zugänglich ist, als dies bei andern Prozessen zutrifft.

II. Vorschläge.

A. Vorbereitung des Prozesses.

1. In der überwiegenden Mehrzahl aller Fälle, in denen ein Recht eines Dritten an der gepfändeten beweglichen Sache überhaupt in Frage kommt, wird bereits der Schuldner den Gerichtsvollzieher bei der Pfändung auf das Bestehen eines vollstreckungshindernden Rechts eines Dritten hinweisen. Eine direkte Bestimmung darüber, wie sich der Gerichtsvollzieher gegenüber einer solchen Mitteilung zu verhalten hat, findet sich in der ZPO. nicht. Sind noch andere pfändbare Gegenstände vorhanden, für die Interventionen nicht angekündigt werden, so wird er naturgemäß so weit als möglich Pfändungen auf sie ausbringen und die strittige Sache unberührt lassen. Weniger selbstverständlich erscheint jedoch die Frage, welches Verhalten er zu beobachten hat, wenn diese Möglichkeit nicht besteht. Insbesondere kann man zweifeln, ob dem Gerichtsvollzieher das Recht zusteht, von der Pfändung mit Rücksicht auf das dem Dritten zustehende Recht Abstand zu nehmen und ob er berechtigt ist, im Interesse der Sicherung seines Auftraggebers in weiterem Umfange zu pfänden, als er es ohne die zu erwartende Intervention mit Rücksicht auf die von § 803 I Satz 2 ZPO. gezogene Grenze tun dürfte.

Die erste dieser beiden Fragen hat in der Praxis, soweit sich diese übersehen läßt, zu Schwierigkeiten keinen Anlaß gegeben. Nach § 73 II Satz 2 der preußischen Geschäftsanweisung für die Gerichtsvollzieher ist die Pfändung ungeachtet der Ansprüche Dritter durchzuführen. Dennoch pflegen die Gerichtsvollzieher in der Praxis zunächst Pfändungen regelmäßig in solchen Fällen zu unterlassen, in denen ihnen die Berechtigung des Dritten — insbesondere aus früheren rechtskräftigen Urteilen — mit Sicherheit bekannt ist. Es bleibt alsdann dem Gläubiger überlassen, über die Vornahme der Pfändung Bestimmungen zu treffen. Erteilt der Gläubiger Anweisung zur Pfändung, so ist dem auch dann Folge zu leisten, wenn bereits in früheren Interventionsprozessen das Eigentum des Dritten rechtskräftig festgestellt worden ist. Die dergestalt unter Umständen eingetretene Verdoppelung der Interventionsprozesse wird man in Kauf nehmen müssen: sie ist eine Folge des Grundsatzes, daß die Rechtskraft sich immer nur auf den jeweils geltend gemachten Anspruch, d. h. hier auf die Zulässigkeit der im Einzelfalle gerade ausgebrachten Pfändung, bezieht, und zwar eine Folge, die man nicht ohne weiteres wird als unliebsam bezeichnen können. Denn angesichts des Kostenrisikos wird der neupfändende Gläubiger die Anweisung zur Pfändung regelmäßig nur dann geben, wenn er — etwa auf Grund neuen Tatsachenmaterials oder einer inzwischen eingetretenen Veränderung der Sachlage — begründete Aussicht zu haben glaubt, besser als sein Vorgänger abzuschneiden. Aus diesem Grunde wird sich eine Änderung des geltenden Rechts auch nicht etwa in der Form empfehlen, daß man eine erneute Pfändung durch denjenigen Gläubiger untersagt, gegen den bereits die Zwangsvollstreckung rechtskräftig für unzulässig erklärt worden ist. Denn durch eine solche Bestimmung würde man den Gläubiger für den Fall rechtlos stellen, daß das Eigentum in der Zeit seit dem Urteil auf den Schuldner übergegangen ist. Schikanöses Vorgehen seitens des Gläubigers — etwa in der Absicht, den Intervenienten durch immer erneute Pfändungen zu erschöpfen — ist schon infolge der Kostenlast praktisch ganz und gar ausgeschlossen.

Weniger befriedigend hat die Praxis sich mit der zweiten Frage abgefunden. Sie gewinnt allerdings nur dann praktische Bedeutung, wenn neben den von der Intervention beanspruchten Stücken interventionsfreie Gegenstände nicht oder nicht in hinreichendem Maße vorhanden sind, um die Forderung des Gläubigers zu decken. Ist dies der Fall, so besteht kein Bedürfnis nach einer Überpfändung. Anders liegt es, wenn diese Voraussetzung nicht erfüllt ist. Dann kann nämlich ein Bedürfnis nach einer Überpfändung deshalb bestehen, weil die Berechtigung des Intervenienten an dem einen Stücke erweisbar, an dem andern unerweisbar sein kann, oder weil mehrere Intervenienten in Frage kommen, deren rechtliche Positionen nicht die gleiche Stärke aufweisen. Es läßt sich nicht verkennen, daß bei der Lösung der Frage, ob man solchenfalls eine Mehrpfändung zulassen soll, zwei an sich durchaus berechtigte Interessen in Gegensatz treten. Der Gläubiger hat ein Interesse daran, daß die Pfändungen schon jetzt so weit ausgedehnt werden, daß er eine Befriedigung mit Sicherheit erwarten kann. Der Schuldner dagegen ist daran interessiert, daß ihm nicht mehr Werte fortgepfändet werden, als zur Befriedigung des Gläubigers mit Notwendigkeit gebraucht werden; dieses Interesse ist an sich gleichfalls durchaus berechtigt — und zwar auch dann, wenn die gepfändeten Stücke wirklich dritten Personen gehören, ein materielles Pfandrecht an ihnen durch die Pfändung also überhaupt nicht entstehen kann. Dennoch scheint uns bei einer Abwägung beider Interessen der Schutz des Gläubigers entschieden den Vorzug zu verdienen. Denn es wird sich kaum bezweifeln lassen können, daß die *Gefahr*, die der Gläubiger bei Nichtbefriedigung seines Interesses läuft, schwerer als diejenige wiegt, die im umgekehrten Falle dem Schuldner droht. Für den Schuldner kann es sich immer nur um eine vorübergehende Störung im Gebrauche der Sache handeln: Ist der Gläubiger aus einem Teile der Sachen befriedigt worden, so muß die Vollstreckung in die übrigen eingestellt werden. Und stehen dem Dritten materiell wirklich Rechte an den gepfändeten Sachen zu, so ist das Interesse des Schuldners an den Pfandstücken wirtschaftlich durchaus begrenzt. Ganz anders beim Gläubiger: für ihn handelt es sich bei der Frage, ob eine Ausdehnung der Pfändung zulässig ist, regelmäßig schlechthin darum, ob er überhaupt befriedigt werden kann. Denn hat der Schuldner — und dies wird ja vorausgesetzt — gar kein oder kein genügendes pfändbares Vermögen, das er selbst als interventionsfrei bezeichnet, so steht zu erwarten, daß eine Pfändung, die nach einem für den Gläubiger ungünstigen Ablauf des Interventionsprozesses erfolgen würde, gänzlich fruchtlos verlaufen müßte. Darum scheint uns die preußische Geschäftsanweisung für die Gerichtsvollzieher insofern das Richtige zu treffen, als sie es dem Gerichtsvollzieher, der von Rechten Dritter an den Pfandsachen erfährt, freistellt, die Pfändung über das an sich zulässige Maß hinaus zu erstrecken. Allerdings hat es den Anschein, als ob die Geschäftsanweisung hierbei von der Annahme ausgehe, daß eine weitere Aufrechterhaltung einer solchen scheinbaren Überpfändung nicht zulässig sei. Denn sie weist den Gerichtsvollzieher ausdrücklich an, die Entscheidung des Gläubigers über die Freigabe einzelner Stücke abzuwarten. Damit aber würde die Gefahr des Ausfalls für den Gläubiger nur verschoben, nicht aufgehoben werden. Rechtlich scheinen uns Bedenken weder gegen die von der preußischen Geschäftsanweisung angeordnete Pfändungserstreckung noch gegen die Aufrechterhaltung einer solchen Mehrpfändung bis zur Entscheidung über die Interventionsansprüche zu bestehen. § 803 I Satz 2 verbietet nur, die Pfändung weiter auszudehnen, als zur Befriedigung des Gläubigers erforderlich ist. Ein Urteil darüber, was erforderlich ist, läßt sich aber, wenn Interventionsansprüche drohen, nicht abgeben. Der Gerichtsvollzieher kann sich deshalb darauf beschränken, den Gläubiger zunächst einmal zu sichern, d. h. so viel zu pfänden, als zu seiner Sicherung erforderlich ist. Dazu aber ist eben eine Überschreitung der durch den Schätzungswert für gewöhnlich gezogenen Grenze unumgänglich.

Diese Auffassung ist indessen mehrfach auf Widerstand gestoßen. Insbesondere das Reichsgericht hat sich ihr — freilich in einer älteren Entscheidung — verschließen zu müssen geglaubt[1]. Eine Verfügung des badischen Justizministeriums hat das hier vorgeschlagene Verfahren sogar ausdrücklich gemißbilligt[2]. Und auch im Schrifttum und in der Rechtsprechung hat sich Einstimmigkeit über die Zulässigkeit der von der preußischen Geschäftsanweisung getroffenen Regelung nicht erzielen lassen. Teilweise hat man sich auf einen vermittelnden Standpunkt gestellt und das Vorliegen bestimmter Anhaltspunkte dafür gefordert, daß der Dritte auch wirklich intervenieren werde[3]. Angesichts der Wichtigkeit der Frage dürfte daher ein gesetzlicher Ausspruch am Platze sein.

Man wird dabei zu berücksichtigen haben, daß der von der Mittelmeinung aufgeworfene Gesichtspunkt in der Tat beachtlich ist. Die bloße Möglichkeit einer Intervention kann nicht ausreichen, um eine so weitgehende Maßnahme, wie es die Ausdehnung einer Pfändung ist, zu rechtfertigen. Andererseits wird man sich damit begnügen müssen, daß der Schuldner selbst bei der Pfändung das Bestehen der Ansprüche Dritter behauptet hat. Denn hat er das getan, so steht mit ziemlicher Sicherheit zu erwarten, daß er den Dritten zur Intervention veranlassen werde[4]. Auf der andern Seite wird man dem Schuldner vor einem zu weitgehenden Gebrauch der dem Gerichtsvollzieher einzuräumenden Ermessensfreiheit Schutz gewähren müssen. Das kann nur durch die gesetzliche Festlegung einer Höchstgrenze geschehen, bis zu deren Erreichung eine Mehrpfändung zulässig ist. Um hinwiederum dem Gläubiger das Risiko des Ausfalls wirklich abzunehmen, wird diese Grenze nicht zu niedrig gezogen werden dürfen. Danach wird zur Einfügung hinter § 803 I Satz 2 folgender Zusatz vorzuschlagen sein:

Eine Mehrpfändung ist jedoch dann zulässig, wenn die Geltendmachung von Rechten Dritter gemäß den §§ 771, 805 zu erwarten ist oder wenn der

---

[1] RGZ. **51**, 186f.

[2] Bad. JMVerf. v. 9. März 1903, abgedruckt in BadRpr. **1903**, 118.

[3] So insbesondere OLG. Rostock, OLGR. **3**, 153; OERTMANN: bei Hellwig, System II, 260, Anm. 16, Abs. 2; auch wohl FÖRSTER-KANN: § 803, Anm. 3a; ganz ablehnend dagegen FALKMANN: Zwangsvollstreckung, 2. Aufl. S. 667.

[4] Nicht von der Hand zu weisen ist die Befürchtung, daß die hier vorgeschlagene Regelung die Schuldner veranlassen wird, in Zukunft den Gerichtsvollzieher von dem Rechte des Dritten nicht in Kenntnis zu setzen. Da aber bei der bisherigen Regelung der Gläubiger von einer derartigen Mitteilung praktisch gar keinen Nutzen hat, bedeutet das keinen irgendwie beachtlichen Gegengrund.

Schuldner auf das Bestehen solcher Rechte hingewiesen hat. Der Wert der gepfändeten Stücke darf in diesem Falle nicht mehr als das Doppelte dessen betragen, was zur Befriedigung der Gläubiger und zur Deckung der Kosten der Zwangsvollstreckung erforderlich ist.

Die Gleichstellung der Rechte aus § 805 ZPO.[1] mit denen aus § 771 ZPO. bedarf keiner besonderen Rechtfertigung. Die hier gewählte Fassung („wenn die Geltendmachung . . . zu erwarten ist") schließt die Anwendung der vorgeschlagenen Vorschrift auf den Fall, daß die nicht gepfändeten Stücke zur Befriedigung des Pfand- oder Vorzugsberechtigten ausreichen (§ 560 BGB.) ohne weiteres aus.

Die vorgeschlagene Fassung deckt nicht nur den Fall, daß die Ansprüche der dritten Personen schon vor oder bei der Pfändung hervortraten, sondern ergibt die Zulässigkeit der Mehrpfändung auch dann, wenn solche Ansprüche erst später vorgebracht wurden. Denn was für den Fall der zu erwartenden Geltendmachung Platz zu greifen hat, gilt naturgemäß erst recht für den der tatsächlich bereits erfolgten. Nicht unmöglich ist freilich, daß in einer ganzen Reihe von Fällen die zu erwartende Mehr- und Nachpfändung den Schuldner veranlassen wird, dem zur Intervention Berechtigten keine Nachricht von der stattgehabten Pfändung zu geben und ihn dadurch an der Geltendmachung seiner Rechte zu verhindern. Das ist namentlich in den Fällen zu befürchten, in denen zwischen dem Schuldner und dem Dritten ein wirklicher Interessengegensatz besteht, wie etwa zwischen dem Abnehmer und dem unter Eigentumsvorbehalt verkaufenden Abzahlungsgeschäft, oder in den Fällen, in denen ein Zwischenhändler von einem Fabrikanten sog. „Kommissionsware" zum Vertriebe erhalten hat. Ein beachtlicher Grund gegen die hier befürwortete Regelung scheint mir hierin indessen nicht zu liegen. Die Erhöhung des Risikos, die damit den wirtschaftlich zum Teil sehr starken Gruppen der gewohnheitsmäßig unter Eigentumsvorbehalt verkaufenden Lieferanten auferlegt wird, ist nicht ungerechtfertigt, wenn man erwägt, daß gerade ihre Lieferungen Dritte nicht selten zu Kreditgewährungen veranlassen, die bei Kenntnis des Eigentumsvorbehalts niemals erfolgt wären und deren schädigende Folgen sich nur in verhältnismäßig wenigen Fällen durch § 826 BGB. beseitigen lassen. Auf der andern Seite wird erwartet werden dürfen, daß die Gefahr einer Weiterpfändung in vielen Fällen unbegründete Interventionsklagen verhindern wird.

Eine Beeinträchtigung der Interessen später pfändender Gläubiger braucht nicht befürchtet zu werden. Denn die Möglichkeit, sich durch eine Mehrpfändung gegen die Folgen einer Intervention zu sichern, kommt auch ihnen zustatten und wird ausreichen, um ihnen eine hin-

---

[1] FÖRSTER-KANN: a. a. O., scheint überhaupt nur an sie zu denken.

reichende Entschädigung für den Nachteil zu gewähren, der ihnen aus der Ausdehnung der früheren Pfändung entstehen könnte. Zu beachten ist aber vor allem, daß es sich jedenfalls immer nur um eine Ausdehnung der *Pfändung*, nicht aber um eine solche der Verwertung handelt. Infolgedessen würde die Annahme der hier vorgeschlagenen Regelung im Ergebnis nicht mehr als die konsequente Durchführung des dem geltenden Vollstreckungsrechte nun einmal zugrunde liegenden Präventionsprinzips bedeuten.

§ 803 ZPO. befindet sich innerhalb des Titels, der die Zwangsvollstreckung in das bewegliche Vermögen behandelt. Die Praxis wendet ihn daher schon seit langem unbedenklich auch auf die Forderungspfändung an. Man hat dabei den früher eingenommenen weder wirtschaftlich noch rechtlich hinreichend gerechtfertigten Standpunkt aufgegeben, es komme für die Bemessung des Wertes der Forderung ausschließlich auf deren Nennbetrag an[1]. Angesichts dieses Standes der Rechtsprechung dürfte sich ein Bedenken gegen die vorgeschlagene Fassung auch nicht nach der Richtung erheben lassen, ob etwa hierbei einseitig nur die Gestaltung bei der Sachpfändung Berücksichtigung gefunden habe.

2a. α) Sind einem Dritten gehörige Gegenstände gepfändet worden, so versucht der Dritte in der Mehrzahl der Fälle zunächst, die Abhaltung des Versteigerungstermins durch die Erwirkung einer Anordnung aus § 769 zu verhindern[2]. Das führt seinerseits sehr oft zu einer Aufhebung des Versteigerungstermins und ist deshalb eine der Ursachen für den traurigen Stand, in dem sich das Versteigerungswesen der Mobilien gegenwärtig befindet. Kein ernsthafter Kaufmann, der einmal einen halben oder ganzen Vormittag vergeblich auf die Versteigerung einer ihn interessierenden Ware gewartet hat, läßt es sich jemals wieder beifallen, an einer solchen Versteigerung teilzunehmen[3]. Auf der andern Seite entstehen, wenn der Intervenient mit seinem Anspruche nicht obsiegt, durch die Anberaumung des neuen Termins neue Gebühren und neue Kosten (z. B. für die erneute Insertion). Vor allem aber steht zu befürchten, daß infolge der Nähe des Ver-

---

[1] LYSIECKI-DREWES: Zwangsvollstreckung in das bewegliche Vermögen (1896), S. 51ff.; vgl. dagegen O. HEIN: Hdb. S. 289; STEIN-JONAS: § 803 III; FÖRSTER-KANN: § 803, Anm. 3a.

[2] Die Entscheidung über diesen Antrag ist bekanntlich gegenwärtig den Rechtspflegern überlassen. Schwierigkeiten hat dies, soweit mir bekannt geworden ist, nicht zur Folge gehabt. Vgl. aber Creditreform 1930, S. 8.

[3] Wieviel überhaupt zur Gesundung unseres Versteigerungswesens sowohl auf Seiten des Gesetzgebers als auf Seiten der Gerichtsbehörden noch getan werden könnte, weiß jeder, der die Verhältnisse in der Praxis beobachtet hat.

steigerungstermins auch solche Anträge Aussicht auf Bewilligung erhalten, denen die erforderliche Glaubhaftmachung fehlt. Denn die Möglichkeit, durch eine Zwischenverfügung noch eine Aufklärung zu erhalten, ist nicht gegeben, und die Gegenüberstellung des dauernden Schadens, den der Intervenient durch die Abweisung erleiden würde, mit der bloßen Verzögerung, die dem Pfändungsgläubiger droht, übt einen psychologischen Druck auf den zur Entscheidung berufenen Richter aus, dem sich gerade die gewissenhafte und verantwortungsbewußte Persönlichkeit kaum jemals wird entziehen können. Man wird diesen Übelständen, die sich vielerorts geradezu zu Massenerscheinungen entwickelt haben[1], nicht anders als dadurch beikommen können, daß man Anträge aus § 769 II nur dann zuläßt, wenn bis zu dem Versteigerungstermin noch eine gewisse Frist offensteht, die allerdings mit Rücksicht auf das Erfordernis der Dringlichkeit sehr knapp bemessen sein darf. Nicht zu befürchten steht, daß eine solche Frist zu einer verspäteten Ansetzung der Termine seitens der Gerichtsvollzieher führen werde. Denn die vorzuschlagende Frist kann kurz genug sein, um sich innerhalb der 2 Wochen, welche nach § 77 II S. 2 der preußischen Geschäftsanweisung für die Gerichtsvollzieher seit der Pfändung verstrichen sein sollen, bequem unterbringen zu lassen. Eine Gefährdung materieller Rechte durch prozessuale Formerfordernisse ist nur in geringfügigem Umfange zu erwarten, weil dem Intervenienten immer noch der Antrag bei dem Prozeßgericht gemäß § 769 I und die Geltendmachung von Bereicherungsansprüchen verbleibt. Begründeter könnte die Befürchtung erscheinen, daß eine gewisse Vermehrung der Interventionsprozesse eintreten könne, weil der Dritte genötigt wird, alsbald Klage zu erheben, um die Einstellung der Vollstreckung erwirken zu können. Allein dieser Nachteil wird dadurch wettgemacht, daß die vorzuschlagende Anordnung zweifellos zu einer Verminderung der Zahl gänzlich unbegründeter, lediglich der Verschleppung dienender Einstellungsanträge führen würde.

§ 769 II würde daher folgenden Satz 3 zu erhalten haben:

Der Antrag kann nur gestellt werden, wenn zwischen dem Tage seiner Einreichung und demjenigen des Versteigerungstermins eine Frist von mindestens drei Tagen liegt.

Noch weiter zu gehen und diese Frist auch für den Fall des § 769 I vorzusehen, kann nicht empfehlenswert erscheinen. Die Tatsache, daß sich der Intervenient zur Klageerhebung entschlossen hat, ist bereits ein gewisses Indiz dafür, daß er selbst seinen Anspruch für begründet hält. Es würde deshalb kaum der Billigkeit entsprechen, die Verfolgung

---

[1] An einem Amtsgericht einer ostdeutschen Mittelstadt sollen die zuständigen Dezernenten fast täglich bereits auf dem Wege zum Gericht mit Einstellungsanträgen behelligt werden, die sich noch auf die eine halbe Stunde später anstehenden Versteigerungen beziehen.

dieses Anspruches durch ein lediglich prozessuales Formerfordernis zu beschränken.

β) Voraussetzung der Anordnung aus § 769 ist eine Glaubhaftmachung der tatsächlichen Behauptungen, welche den Antrag begründen. Den Versuch, die Erfordernisse der Glaubhaftmachung im einzelnen zu umreißen, hat der Gesetzgeber nicht gemacht. Insbesondere hat er es unterlassen, die Voraussetzungen dieser Glaubhaftmachung in irgendeiner Form den Erfordernissen derjenigen Glaubhaftmachung anzugleichen, die nach der Rechtsprechung dem Gläubiger gegenüber erfolgen muß, wenn dieser mit dem Erfolge zur Freigabe aufgefordert werden soll, daß ihn bei Ablehnung die Kostenlast trifft. Das hat häufig die mißliche Folge, daß eine Einstellung auf Grund eines Vorbringens erfolgt, das dem Gläubiger gegenüber nicht genügt, um ihn bei Verweigerung der Freigabe mit dem Kostenrisiko zu belasten. Indessen wird sich auch dieser Mißstand kaum beheben lassen. Es muß unbedingt vermieden werden, den Antrag aus § 769 mit einem Formerfordernis irgendwelcher Art zu belasten: die Folge wäre eine Rechtlosstellung des kleinen Mannes, der ohne juristische Hilfe in dem Drange der Zeit vor dem Versteigerungstermin den Antrag nicht stellen könnte, während er das Armenrecht und die Beiordnung eines Anwalts bei der Kürze der Zeit nicht erlangen und — vielfach aus zwingenden wirtschaftlichen Gründen — in den wenigen zur Verfügung stehenden Tagen auch vor der Rechtsantragsstelle des Gerichts nicht erscheinen kann.

Dennoch scheint uns, daß sich in *einem* Punkte auch hier die bessernde Hand anlegen ließe. Es kommt nicht selten vor, daß die Einstellung auf Grund eines zugunsten des Antragstellers bestehenden Sicherungsübereignungsvertrages beantragt wird, ohne daß dieser Vertrag selbst in Urschrift oder einer Abschrift beigefügt wird. Selbst Rechtsantragsstellen großer Amtsgerichte lassen nicht selten derartige Anträge mit der bloßen eidesstattlichen Versicherung des Antragstellers als einziger Glaubhaftmachung hinausgehen. Selbstverständlich wird der Richter solchenfalls im allgemeinen dem Antrage nicht stattgeben, solange ihm der Vertrag selbst nicht vorgelegt worden ist. Aber in einem sehr großen Teile aller Fälle ist es ihm infolge der Nähe des Versteigerungstermins gar nicht möglich, die Vorlegung des Vertrages zu erreichen: er muß auf Grund des ihm vorliegenden Materials entscheiden. Ist es zu verwundern, daß er unter solchen Umständen die Einstellung, die schlimmstenfalls zu einer Verzögerung der Vollstreckung führt, der Abweisung des Antrages, deren Folge notwendig ein Rechtsverlust sein würde, vorzieht?

Es ist gar nicht zu bezweifeln, daß die Folge dieser Gestaltung der Dinge ist, daß eine verhältnismäßig große Zahl aller Einstellungsbeschlüsse materiell nicht gerechtfertigt ist. Einmal weiß jeder Praktiker, eine wie große Zahl aller Sicherungsübereignungen schon deshalb rechtlich ungültig ist, weil die Parteien es unterlassen haben, ein Rechtsverhältnis zu vereinbaren, vermöge dessen der Erwerber den mittelbaren Besitz erlangt. Man mag dabei sogar darüber streiten können, ob die Regelung des § 930 BGB., die dieses Verhältnis zu einem Erfordernis erhebt, zweckmäßig ist oder nicht. Denn für das Prozeßrecht kommt es ausschließlich darauf an, dem materiellen Recht zur Durchsetzung zu verhelfen. Die Frage nach der Richtigkeit oder Unrichtigkeit dieses materiellen Rechts steht dabei nicht zur Debatte. Aber noch aus anderen Gründen ist es erforderlich, dem Richter die Einsicht in den Übereignungsvertrag zu verschaffen. Zwar wird sich in den wenigsten Fällen schon aus dem Vertrage ergeben, daß einer der Anfechtungsgründe des § 3 AnfGes. oder die Voraussetzungen der §§ 138, 419 BGB., der beliebtesten Kampfmittel der Beklagten in allen Interventionsprozessen, gegeben sind. Aber es ist gelegentlich schon vorgekommen, daß Interventionen auf Grund von Sicherungsverträgen erfolgt sind, die, wie sich später herausstellte, erst *nach* der Pfändung abgeschlossen worden waren. Und wer in gar manchem Interventionsprozeß sich des dringenden Verdachtes nicht erwehren konnte, daß Schuldner und Intervenient in Kollusion ein Falsifikat eines Übereignungsvertrages hergestellt oder einen echten Vertrag vordatiert hätten, wird den Wunsch haben müssen, die Überlegungsfrist, die ihnen zur Bewerkstelligung solcher Täuschungen verbleibt, so stark als möglich abzukürzen. Es wird darum vorgeschlagen, dem § 771 III ZPO. als Satz 2 folgenden Passus einzufügen:

Die Glaubhaftmachung eines zu Sicherungszwecken erlangten Eigentums kann nur durch Vorlegung der Vertragsurkunde erfolgen.

Mitunter wird die Urschrift dieses Vertrages nicht zu erreichen sein, weil sie zu andern Gerichtsakten gereicht worden oder aus andern Gründen unentbehrlich ist. Darum empfiehlt sich folgender Zusatz:

An Stelle der Urschrift genügt eine Abschrift des Vertrages, wenn ihre Übereinstimmung mit der Urschrift glaubhaft gemacht wird.

Es läßt sich freilich nicht verkennen, daß dieser Vorschlag im einzelnen nicht unerheblichen Bedenken ausgesetzt ist. Sehr gering zu wiegen scheint uns allerdings der Einwand, daß ungewandten Parteien mit diesem Erfordernis eine allzu schwere Last auferlegt würde. Wer Sicherungsübereignungsverträge auf der Gläubigerseite abschließt, ist ganz regelmäßig durchaus gewandt genug, um einer so leicht zu erfüllenden Formvorschrift nachkommen zu können. Gewichtiger könnte — wenigstens auf den ersten Blick — die Erwägung erscheinen, daß damit innerhalb des prozessualen Rechts die Erfüllung einer Schriftform vorausgesetzt wird, die dem materiellen Recht gänzlich fremd ist. Man könnte vielleicht sogar so weit gehen, unseren Vorschlag als einen ersten Schritt auf dem Wege zu der aus den romanischen Rechten bekannten Einschränkung des Zeugenbeweises zugunsten des Urkundenbeweises anzusehen, gegen die sich erst jüngst gewichtige Stimmen mit guten, wenn auch vielleicht nicht geradezu überzeugenden Gründen gewandt haben. Allein dieser Einwand dürfte an einer Überschätzung der Bedeutung und der praktischen Tragweite unseres Vorschlages leiden. Es handelt sich ja nicht, wie bei jener Ersetzung des Zeugenbeweises durch den Urkundenbeweis, darum, daß bei Nichteinhaltung der Form das Recht des Intervenienten prozessual überhaupt nicht durchsetzbar sein soll. Der Intervenient mag den Gläubiger auf sein Recht hinweisen und sich von ihm die Einstellung der Zwangsvollstreckung bewilligen lassen, auch wenn seine Sicherungsübereignung formlos erfolgt ist. Und er mag, wenn der Gläubiger sich hierauf nicht einläßt, sondern es zur Versteigerung kommen läßt, späterhin Ansprüche auf Schadensersatz oder aus ungerechtfertigter Bereicherung erheben. Nur gerade die sofortige Einstellung der Vollstreckung soll er nicht auf Grund eines Übereignungsvertrages verlangen können, dessen Abschluß und Inhalt er nicht durch Vorlegung seines Wortlauts nachweisen kann. Im übrigen aber darf die Bedeutung jenes Einwandes schon deswegen gering eingeschätzt werden, weil in der Praxis mündliche Sicherungsübereignungen nur sehr selten vorkommen. Wo ihr Abschluß doch einmal behauptet werden sollte, wird der Verdacht nicht von der Hand zu weisen sein, daß die Parteien, über die Ungültigkeit ihres schriftlichen Vertrages belehrt, diese durch die Behauptung eines in Wahrheit niemals geschlossenen, mündlichen Übereignungsvertrages „heilen“ wollen. Der etwa noch mögliche Einwand, es könne im Einzelfall doch einmal durch glaubhafte, eidesstattliche Versicherungen von Zeugen des mündlichen Abschlusses sowohl dessen Tatsache als der Inhalt des Vertrages in so hohem Maße erhärtet werden, daß die Einstellung notwendig werde, setzt einen Fall voraus, der heutzutage nicht mehr häufig genug praktisch wird, um auf Berücksichtigung innerhalb einer Vorschrift Anspruch erheben zu können, die nur der sofortigen vorläufigen Regelung eines Schwebezustandes dient. Die Möglichkeit einer Einstellung durch das *Prozeßgericht* soll zudem nicht eingeschränkt werden.

Wer dem Vorangegangenen zustimmt, könnte vielleicht glauben, daß es sich in diesem Zusammenhange empfehle, die Vorlegung einer Vertragsurkunde auch für die Behauptung des Eigentumsvorbehalts zu verlangen. Es scheint uns indessen, daß die Erwägungen, die zu dem Formerfordernis bei der Sicherungsübereignung führten, bei dem Eigentumsvorbehalt nicht in gleicher Weise Platz greifen. Daß wirtschaftlich zwischen beiden Fällen *sehr häufig* kein großer

Unterschied besteht, bedarf keiner Darlegung. Darüber darf indessen nicht verkannt werden, daß die Gefahren des Eigentumsvorbehalts als solche ungleich geringer als die der Sicherungsübereignung sind: es ist ein anderes, ob ein Lieferant sich dadurch sichert, daß er sich das Eigentum an den von ihm selbst gelieferten Waren vorbehält, oder ob er zu seiner Sicherung die Waren anderer Lieferanten verwendet. Entscheidend gegen die Ausdehnung des Formzwanges auf den Eigentumsvorbehalt scheint uns die Erwägung zu sprechen, daß seine Vereinbarung sehr oft auch in ganz kleinen Verhältnissen und bei ganz geschäftsungewandten Leuten vorkommt, nicht selten sogar in der Form, daß beide Teile es stillschweigend als selbstverständliche Folge der Ausbedingung von Ratenzahlungen ansehen, daß das Eigentum erst mit der letzten Zahlung übergehe. Die Vorlegung eines Vertrages auch für solche Fälle fordern, hieße, materiell wirklich bestehendem Recht die Durchsetzung verweigern. Zum andern aber besteht die Gefahr der Täuschung durch Herstellung fingierter Verträge hier längst nicht in gleichem Umfange wie bei den Sicherungsübereignungen. Ob A. dem B. eine Sache verkauft hat, wird sich immer mehr oder weniger deutlich nachweisen lassen. Ob A. dem B. ein Darlehn gegeben und dafür Sicherungseigentum übertragen erhalten, entzieht sich dagegen regelmäßig dem Blicke der Öffentlichkeit und bleibt eine Angelegenheit, von der meist nur die Kontrahenten wirkliche Kenntnis besitzen können.

b) Die Anordnung des Vollstreckungsgerichts kann in einer Einstellung der Zwangsvollstreckung, in einer Aufhebung der bereits erfolgten Vollstreckungsmaßregeln oder in einer Anordnung bestehen, daß die Zwangsvollstreckung nur gegen Sicherheitsleistung fortgesetzt werden darf. Besteht sie in einer Einstellung der Zwangsvollstreckung, so kann sie entweder ohne oder gegen Sicherheitsleistung erfolgen (§ 769 I ZPO.). Die Anordnung der Sicherheit ist also von dem Gesetzgeber ganz dem freien Ermessen der Vollstreckungsgerichte anheimgegeben. In der Praxis wird die Bedeutung dieser Ermessensfreiheit erfahrungsgemäß oft verkannt. Es waltet vielfach die Meinung ob, daß die Einstellung ohne Sicherheitsleistung nur dort erfolgen dürfe, wo es sich um einen sozial besonders schwachen Intervenienten handle. Manche Vollstreckungsgerichte verkennen auch den Zweck, dem die von dem Gericht anzuordnende Sicherheitsleistung dienen soll. Es handelt sich hier nicht darum, daß der Anspruch des Gläubigers gesichert werden soll. Einer solchen Sicherung bedarf es schon mit Rücksicht auf die bereits erfolgte Pfändung nicht. Die hier vorgesehene Sicherung soll den Gläubiger vielmehr davor schützen, daß er durch die Verzögerung der Vollstreckung einen Schaden erleidet. Das ist auch die in Rechtsprechung und Schrifttum allseitig vertretene Auffassung[1]. Einer solchen Sicherung ist der Gläubiger nicht selten stark bedürftig. Man denke nur an Gegenstände, die dem Modewechsel unterliegen oder doch nur innerhalb gewisser Jahreszeiten gangbar sind. Man könnte annehmen, daß es sich deshalb empfehle, die Einstellung der Vollstreckung überhaupt nur gegen eine solche Sicherheit zuzulassen. Allein das erscheint deshalb nicht als angängig, weil es dem Intervenienten in der kurzen ihm bis zum Versteigerungstermin verbleibenden Zeit in vielen Fällen bei bestem Willen gar nicht möglich sein wird, eine solche Sicherheit zu beschaffen. Andererseits wird zu erwägen sein, daß der entstehende Schaden wegen § 769 II ZPO. regelmäßig kein allzu großer sein kann. An anderer Stelle wird zu prüfen sein, inwieweit etwa eine Begrenzung der dem Prozeßgericht durch § 769 I ZPO. eingeräumten Ermessensfreiheit als möglich und empfehlenswert erscheinen kann.

Eine Einengung der Ermessensfreiheit, die dem Vollstreckungsgericht durch die Zulassung auch einer Aufhebung der bereits erfolgten Vollstreckungsmaßregeln oder der Anordnung gewährt ist, daß die Vollstreckung nur gegen Sicherheitsleistung fortgesetzt werden dürfe, kann wegen der Vielgestaltigkeit der Fälle gleichfalls nicht als ratsam bezeichnet werden.

Das Vollstreckungsgericht hat gleichzeitig eine Frist zu bestimmen, innerhalb deren die Entscheidung des Prozeßgerichts beizubringen ist. In der Praxis beträgt diese Frist ganz regelmäßig drei Wochen. Doch kommt es nicht selten vor, daß auch längere Fristen bestimmt werden, während kürzere nur recht vereinzelt angeordnet werden. Diese Übung dürfte in Widerspruch mit den wirtschaftlichen Bedürfnissen stehen. Der Gläubiger, der die Vollstreckung betreibt, hat sehr oft einen langwierigen Prozeß hinter sich. Er hat also auf die Bezahlung seiner Forderung schon lange warten müssen. Es wäre durchaus verkehrt, sich auf den Standpunkt stellen zu wollen, er könne sich darum ruhig auch in der Vollstreckung noch einige Zeit gedulden. Dem Rechtsverständnis des Laien läßt es sich vielleicht nahebringen, daß die Feststellung, ob ein Anspruch zu Recht besteht oder nicht, Schwierigkeiten bereitet und Zeit beansprucht. Verzögerungen der Vollstreckung aber empfindet er als Hemmnisse, die sein Gegner der Rechtsordnung in den Weg stellt, und mit denen fertig zu werden diese nicht hinreichend ausgerüstet ist.

Vielleicht ist die Häufigkeit der Bestimmung einer dreiwöchentlichen Frist darauf zurückzuführen, daß der Einstellungsbeschluß seinerseits

---

[1] Vgl. statt aller STEIN-JONAS: § 769 III mit § 707 II. — Es beruht also auf einer Verkennung der Bedeutung dieser Sicherheitsleistung, wenn sich mancherorts der Mißbrauch eingenistet hat, daß die erfolgte Pfändung als ausreichende Sicherheit angesehen wird. Immerhin haben sich vereinzelt Gerichte sogar Formulare zugelegt, in denen die Worte „die Pfändung gilt als Sicherheit" vorgedruckt sind!

der sofortigen Beschwerde unterliegt, für die eine Zweiwochenfrist von der Zustellung läuft. Man scheut sich, die Wirkung des Beschlusses schon vor dem Ablaufe dieser Frist entfallen zu lassen. Allein diese Scheu ist durchaus unbegründet. Was zunächst den Antragssteller anbetrifft, so hat er keinerlei Rechtsanspruch darauf, die Zweiwochenfrist zur Vorbereitung einer etwaigen Beschwerde in vollem Umfange zur Verfügung zu haben; denn er darf ja den Antrag nur in dringenden Fällen stellen, bei denen eine so lange Frist überhaupt nicht am Platze erscheinen kann. Und dem Gläubiger, gegen den der Einstellungsbeschluß ergangen ist, kann erst recht lediglich an einer Beschleunigung des Verfahrens gelegen sein. Es empfiehlt sich daher, die Frage nicht weiterhin ganz dem richterlichen Ermessen zu überlassen, sondern eine gesetzliche Höchstfrist vorzusehen, über die bei der Anordnung nicht hinausgegangen werden darf[1]. Daß diese Frist erheblich kürzer sein darf als die jetzt übliche Dreiwochenfrist, zeigt das Beispiel des schweizerischen Rechts, das sich mit einer Zehntagefrist begnügt.

Immerhin muß unbedingt vermieden werden, diese Frist allzu kurz zu fassen. Regelmäßig wird nämlich die Zeit ihres Laufes von den Parteien nicht nur zur Vorbereitung der Klage, sondern auch zu Verhandlungen über die Freigabe benutzt. Beides nimmt nicht selten dadurch erhebliche Zeit in Anspruch, daß Intervenient und Gläubiger nicht am Orte der Pfändung wohnen, sondern dort nur durch Anwälte oder Zweigniederlassungen vertreten sind, durch die die Korrespondenz geführt werden muß. Auf der andern Seite aber muß berücksichtigt werden, daß der Intervenient das Material für die Klagerhebung regelmäßig schon bereit haben wird; sonst hätte er die seinen Einstellungsantrag begründenden Tatsachen nicht glaubhaft machen können. Der Pfändungsgläubiger seinerseits hat an einer allzu langen Erstreckung der Frist überhaupt kein Interesse: dies auch dann nicht, wenn es ihm etwa ratsam erscheinen sollte, mit seinem Gegner in Vergleichsverhandlungen einzutreten. Denn wenn er für diese Vergleichsverhandlungen Zeit braucht, wegen der Nähe des Ablaufs der Frist aus dem Einstellungsbeschluß aber Erhebung der Klage seitens seines Gegners fürchten muß, so steht es bei ihm, dieses Hindernis durch Einwilligung in eine längere Dauer der Einstellung zu beseitigen.

Es erscheint förderlich, die zu bestimmende Maximalfrist abzustufen. Wohnen nämlich Intervenient, Dritter und Schuldner am gleichen Orte, so können sie sich miteinander und mit ihren Rechtsberatern ungleich schneller verständigen, als wenn das nicht der Fall ist. Es darf betont werden, daß die billige und bequeme Möglichkeit fernmündlicher Ver-

[1] Angesichts der Verschiedenheit der Fälle dürfte dieses „elastische" System dem „starren" der Art. 106 u. 107 des schweizerischen Schuldbetreibungsgesetzes entschieden vorzuziehen sein.

ständigung endlich auch von der Gesetzgebung in dem gebührenden Maße berücksichtigt werden sollte. Es mag sein, daß eine Benutzung des Telephons zu Ferngesprächen schon wegen der damit verbundenen Kosten von der Rechtsordnung nicht jedem generell zugemutet werden darf. Anders aber liegt es bei den Ortsgesprächen: es geht nicht an, trotz der Popularisierung dieses Verständigungsmittels bei der gesetzgeberischen oder richterlichen Bestimmung von Fristen an der so sehr viel größer gewordenen Raschheit alles Verkehres vorüberzugehen. Es erscheint danach angemessen, eine Höchstfrist von zwei Wochen vorzusehen, die sich, wenn alle Beteiligten an dem gleichen Orte wohnen, auf eine Woche zu vermindern hätte. Auch diese Fristen müssen grundsätzlich nur als Höchstfristen zu gelten haben. Es läßt sich sehr wohl vorstellen, daß für die Regel die schweizerische Zehntagefrist genügt, ja, in einer ganzen Reihe von Fällen mögen selbst Fristen von fünf Tagen als durchaus hinreichend erscheinen. Es wird daher vorgeschlagen, dem § 769 folgenden Abs. III hinzuzufügen:

Die in den Fällen des Abs. II zu bestimmende Frist darf die Dauer von zwei Wochen nicht überschreiten. Wohnen sämtliche Beteiligten an dem Orte, der Sitz des Gerichts ist, das zur Entscheidung über die von dem Schuldner zu erhebenden Einwendungen oder die von dem Dritten anzustrengende Klage zuständig ist, so beträgt die Höchstdauer der Frist eine Woche.

Es unterliegt keinem Bedenken, wenn dergestalt die Fristen nicht nur für die Interventionsklage, sondern auch für die anderen durch § 769 mitbetroffenen Fälle herabgesetzt werden. Die gleichen rechtspolitischen Erwägungen, die die Herabsetzung dort als ratsam erscheinen lassen, sprechen auch hier durchschlagend zu ihren Gunsten.

3. Für die Pfändung von Forderungen gilt nach der jetzt herrschenden Lehre nichts anderes als für diejenige von körperlichen Gegenständen. Auch hier ist eine Widerspruchsklage aus § 771 ZPO. möglich. Dagegen könnten freilich Bedenken erhoben werden. Denn wenn die gepfändete Forderung dem Schuldner nicht zustand, so war die Pfändung nach § 829 ZPO. gar nicht wirksam[1]. Zur Begründung seiner die Zulässigkeit der Widerspruchsklage bejahenden Auffassung hat sich STEIN auf die Rücksicht berufen, die dem Drittschuldner entgegengebracht werden müsse. Durch den Pfändungsbeschluß werde, meint er[2], „der Drittschuldner in eine peinliche Ungewißheit versetzt, zu deren Beseitigung manchmal mehr Rechtskenntnisse erforderlich sind, als selbst ein Richterkollegium aufzubringen vermag. Befolgt er aber den Beschluß, so ist das theoretische Recht des Dritten, von ihm die zweite

---

[1] STEIN: Grundfragen der Zwangsvollstreckung, S. 48; vgl. auch STEIN-JONAS: Komm. zu § 771, Note 29.

[2] STEIN-JONAS zu § 829 VII 2, Anm. 120, zu § 77, vor N. 29.

Zahlung verlangen zu dürfen, einmal eine Vertröstung, deren Wert von der Zahlungsfähigkeit des Drittschuldners abhängt, und sodann eine empörende Grausamkeit gegen den Drittschuldner, dem zu allen andern Lasten auch noch die Gefahr doppelter Zahlung aufgebürdet wird." Die Richtigkeit dieser Ausführungen wird sich nicht bestreiten lassen. Nur erscheint es eben fraglich, ob die jetzige Gestaltung der Rechtslage diese mißliche Situation des Drittschuldners, die STEIN so anschaulich schildert, wirklich durchgreifend gebessert hat. Diese Frage kann nur verneinend beantwortet werden. Regelmäßig ist gegenwärtig der Hergang folgender: der Gläubiger erwirkt den Pfändungs- und Überweisungsbeschluß, die ganz regelmäßig gleichzeitig, in der preußischen Praxis sogar auf gemeinsamem Formular, ergehen. Solange nun noch irgendeine Zahlung aussteht, gilt nach der herrschenden und wohl zutreffenden Lehre die Zwangsvollstreckung in die fragliche Forderung noch nicht als beendet[1]. Den ganzen Zeitraum hindurch ist also jeder Dritte rechtlich noch in der Lage, zu intervenieren und zur Einleitung der Intervention einen einstweiligen Einstellungsbeschluß gemäß § 769 II ZPO. zu erwirken. Ergeht nun ein solcher Beschluß, so gerät der Drittschuldner in eine durchaus nicht ungefährliche Lage. Er hat bisher vielleicht gar keinen Grund gehabt, an der Berechtigung der dem Schuldner zustehenden Forderung zu zweifeln. Nun erfährt er, daß ein anderer diese in Anspruch nimmt. Damit entfällt der Schutz, den ihm § 407 BGB. bisher gewährte. Denn Kenntnis von der Abtretung im Sinne dieser Vorschrift ist nach der Rechtsprechung schon dann anzunehmen, wenn der Schuldner auf irgendeine Weise Umstände erfahren hat, die vernünftigerweise den Schluß auf eine erfolgte Abtretung zu ergeben vermögen[2]. Die Möglichkeit des Zweifels soll dabei die Annahme der Kenntnis nicht ausschließen[3]. Durch den Einstellungsbeschluß ist dem Drittschuldner lediglich untersagt, an den Pfändungsgläubiger zu leisten. Der Pfändungsbeschluß verbot ihm, an den Schuldner zu leisten. Dem Intervenienten gegenüber, wenn dieser wirklich Gläubiger ist, ist er zur Zahlung verpflichtet. Trotz des Einstellungsbeschlusses kann also der Drittschuldner bei Nichtleistung in Verzug kommen: denn um den Verzug zu begründen, ist nur *leichte* Fahrlässigkeit vonnöten. Versucht der Drittschuldner andererseits, sich dieser Gefahr zu entziehen, indem er den Betrag der Schuld hinterlegt, so muß er er-

---

[1] STEIN-JONAS: vor § 704 VII 3a; FÖRSTER-KANN: vor § 704, Anm. 7b a. E.; OERTMANN: bei Hellwig II, S. 265; FREUDENTHAL-SAUERLÄNDER: § 771, Anm. 6b; RG. JW. **1901**, 330; RGZ. **67**, 310 und die bei STEIN-JONAS: a. a. O. zitierten Entscheidungen.

[2] RGRK. § 409, Anm. 1; RGZ. **74**, 170; **102**, 387.

[3] RGZ. **88**, 6; WERNER bei Staudinger: § 407 II, mit weiteren Literaturangaben.

fahren, daß auch diese Hinterlegung ihn nur dann befreit, wenn er ohne (leichte!) Fahrlässigkeit in Unkenntnis über die Person des Gläubigers ist[1]. So sehr es anzuerkennen ist, daß die Rechtsprechung in neuerer Zeit mit Erfolg bemüht ist, die Rechtsstellung des Drittschuldners zu erleichtern, so wenig erscheint es als billig, daß ihm in solchen Fällen nicht von Gesetzes wegen die Hinterlegungsbefugnis zugesprochen wird. Das trifft um so mehr zu, als nur der geringste Teil der Drittschuldner in der Lage sein wird, die Folgen seines Tuns oder Unterlassens mit hinreichender Korrektheit abzuwägen, zumal ihnen der Zugang zu den Akten über die einstweilige Einstellung durch die Vorschrift des § 299 II ZPO., namentlich bei den Riesengerichten der Großstädte, nicht gerade erleichtert worden ist.

Daß sich dieses — um wieder mit STEIN[2] zu reden — „Elend des Drittschuldners" bei irgendeiner Gestaltung der Dinge ganz und gar beheben lassen werde, wird man freilich nicht erwarten können. Daß die meisten nicht rechtskundigen Drittschuldner schon durch die Zustellung des Pfändungsbeschlusses in Zweifel und Verlegenheit geraten, wird sich kaum jemals vermeiden lassen. Hier wird alles darauf ankommen, durch übersichtliche, leicht verständliche Gestaltung der gebräuchlichen Formulare zu helfen, ein Weg, der, soweit bekannt, allenthalben bereits mit Erfolg beschritten worden ist, obwohl es scheint, als wenn die hier vorhandenen Möglichkeiten noch immer nicht gänzlich erschöpft seien. Wohl aber ist es möglich, durch eine verhältnismäßig einfache Maßnahme eine Reihe der Schwierigkeiten zu beseitigen, die sich für den Drittschuldner gegenwärtig bei Interventionen oder sonstigen einstweiligen Einstellungen der Vollstreckung ergeben müssen. Diese Maßnahme besteht darin, daß man mit der Tatsache der Anordnung der Einstellung — gleichgültig, ob diese durch das Vollstreckungs- oder durch das Prozeßgericht erfolgt ist — für den Drittschuldner ipso iure ein Recht auf Befreiung durch Hinterlegung zur Entstehung gelangen läßt.

Es mag sein, daß diese Änderung materiellrechtlich keine sehr große Bedeutung hat, weil das Hinterlegungsrecht regelmäßig materiell dem

[1] Die Auffassung STEINS, die Pfändung als solche berechtige bereits zur Hinterlegung, weil der Schuldner, sobald sie erfolgt ist, weder an den Gläubiger noch an den Schuldner *allein* leisten dürfe und er infolgedessen aus einem in der Person des Gläubigers liegenden Grunde seine Verpflichtungen nicht erfüllen könne (Komm. zu § 829, Anm. 110), ist zutreffend, praktisch aber deshalb ohne Wert, weil Pfändung und Überweisung ganz regelmäßig in *einem* Beschluß erfolgen. Sie versagt zudem ganz, wenn die gepfändete Forderung dem Schuldner überhaupt nicht zustand und die Pfändung deshalb ein Pfandrecht gar nicht zu erzeugen vermochte.

[2] STEIN: Der Drittschuldner, Sonderdruck aus der Festschrift für Wach, S. 6.

Drittschuldner schon jetzt zustehen wird. Die Bedeutung der Bestimmung liegt aber darin, daß sich der Praxis nunmehr die Möglichkeit eröffnet, in die Formulare des Einstellungsbeschlusses einen Hinweis darauf aufzunehmen, daß der Drittschuldner die Möglichkeit habe, sich durch Hinterlegung des Forderungsbetrages allen ferneren Weiterungen in jedem Falle und restlos zu entziehen.

Es bedarf alsdann noch einer Vorschrift über die weitere Auseinandersetzung zwischen dem Pfandgläubiger, dem Vollstreckungsschuldner und dem Intervenienten. Die für den Fall des § 853 I vorgesehene Regelung paßt nicht. Denn dort schließt sich ganz regelmäßig an die Hinterlegung die Eröffnung eines Verteilungsverfahrens gemäß § 872ff. ZPO., für das in unserem Falle, in dem zwar auch mehrere Beteiligte, jeder aber den ganzen Betrag in Anspruch nehmen, kein Raum ist[1]. Es empfiehlt sich, Vorsorge dafür zu treffen, daß die Hinterlegung nicht wieder ihrerseits Verzögerungen zur Folge hat. Sie wird daher zugunsten des Intervenienten oder des Schuldners mit der Maßgabe zu erfolgen haben, daß die Auszahlung an einen von beiden nur auf Bewilligung des anderen zu erfolgen habe. Zur Ergänzung des § 853 wird daher die Schaffung des folgenden Absatzes II vorzuschlagen sein:

Ist die Vollstreckung in eine Geldforderung eingestellt worden, so ist der Drittschuldner berechtigt, den Schuldbetrag unter Erstattung einer Anzeige an alle Beteiligten zu hinterlegen. Ist die Einstellung erfolgt, weil ein Dritter Ansprüche aus § 771 ZPO. geltend gemacht hat, so hat die Hinterlegung zugunsten des Schuldners und des Dritten mit der Maßgabe zu erfolgen, daß jeder von beiden die Auszahlung nur mit Bewilligung des andern verlangen kann. Soweit die Forderung gepfändet und dem Gläubiger überwiesen worden ist, erstrecken sich die Rechte des Gläubigers auf die Forderung gegen die Hinterlegungsstelle. In dem Einstellungsbeschlusse ist der Drittschuldner auf seine Befugnis zur Hinterlegung hinzuweisen.

Im einzelnen ist zur Rechtfertigung dieser Fassung noch folgendes zu bemerken. Man wird vielleicht eine Bestimmung darüber vermissen, daß die Hinterlegung unter Verzicht auf die Rücknahme zu erfolgen habe. Allein einer solchen Bestimmung bedarf es nicht. In allen Vorschriften der ZPO. ist ohne weiteres unterstellt, daß bei der dort vorgesehenen Hinterlegung einerseits das Recht der Rücknahme ausgeschlossen ist, andererseits aber sofort eine befreiende Wirkung zugunsten des Schuldners eintritt. Es empfiehlt sich nicht, an dieser historisch zu erklärenden[2] Terminologie, die schon die Novelle von 1898 unangetastet ließ, etwas zu ändern. Die Erstreckung des Hinterlegungsrechtes auch auf andere Fälle der Einstellung der Forderungsvollstreckung wird dagegen keiner Rechtfertigung bedürfen.

---

[1] Vgl. STEIN-JONAS zu § 872, Anm. 2a ff.

[2] Vgl. STEIN-JONAS: Komm. zu § 853, Note 20ff.

Die Begründung einer Pflicht zur Erstattung einer Anzeige von der Hinterlegung ist erforderlich, damit die andern Beteiligten so schnell als möglich von der erfolgten Hinterlegung Nachricht bekommen und ihr Verhalten — man denke etwa an die Tenorierung der Interventionsklage — rechtzeitig danach einrichten können. Einer Vorschrift, nach der der Sachverhalt der Hinterlegungsstelle zu schildern ist, wird es nicht bedürfen. Sie wird durch die landesrechtlichen Normen, die die Verpflichtung der Hinterlegungsstellen zur Annahme von Sachen regeln, erübrigt. Nur bei der Hinterlegung wegen einer Intervention empfiehlt sich eine nähere Bestimmung des durch die Hinterlegung Begünstigten, weil die Vielzahl der Beteiligten hier den Überblick erschwert.

Der Satz 3 des Vorschlages sucht eine Frage zu klären, die im Gesetz keine Lösung gefunden hat und auch vom Schrifttum stiefmütterlich behandelt worden ist. Durch die Hinterlegung entsteht zugunsten des Schuldners eine Forderung gegen die Hinterlegungsstelle. Gleichzeitig erlischt die bisherige Forderung gegen den Drittschuldner. Es versteht sich von selbst, daß eine Surrogation der neuen an die Stelle der alten Forderung stattfindet. Aber eine Vorschrift, die eine solche Surrogation anordnete, fehlt auffälligerweise sowohl in der ZPO. als im BGB., obwohl letzteres andere Fälle der Surrogation gerade bei Pfandrechten mehrfach geregelt hat.

Der letzte Satz des Vorschlages verfolgt nicht nur den Zweck, zu erreichen, daß der erstrebte Hinweis auf die Einstellungsmöglichkeit auch tatsächlich in die Formulare hineingelangt. Seine Aufnahme gewährt dem Drittschuldner vielmehr eine Sicherung auch für den Fall, daß im Einzelfalle einmal aus irgendeinem Grunde das Formular nicht benutzt wird. Für solche Fälle würde die Annahme des letzten Satzes die Entstehung einer Regreßforderung gegen den Fiskus auf seiten des Drittschuldners zur Folge haben, wenn das Unterbleiben des Hinweises den Drittschuldner zu einer für ihn nachteiligen Handlung veranlaßt hat.

Die vorgeschlagene Ergänzung des § 853 würde lediglich die Geldforderungen ergreifen. Es bedarf daher noch weiterer Vorschläge, die die §§ 854 und 855 in gleicher Weise ergänzen. Sie würden, wie folgt, zu formulieren sein:

§ 854: IV. Ist die Pfändung in einen Anspruch, welcher eine bewegliche körperliche Sache betrifft, eingestellt worden, so ist der Drittschuldner berechtigt, die Sache unter Erstattung einer Anzeige an alle Beteiligten dem in Gemäßheit des Abs. I zuständigen Gerichtsvollzieher herauszugeben. Bei der Herausgabe ist dem Gerichtsvollzieher die Sachlage anzuzeigen. Die dem Drittschuldner zugestellten Beschlüsse sind ihm auszuhändigen. Auf den Erlös findet die Vorschrift des § 853 II 3, auf den Einstellungsbeschluß diejenige des § 853 III Anwendung.

§ 855: II. Ist die Vollstreckung in einen Anspruch, welcher eine unbewegliche Sache betrifft, eingestellt worden, so ist der Schuldner berechtigt, die Sache an einen Sequester herauszugeben. Die Bestimmung des Sequesters erfolgt in Gemäßheit des Abs. I. Die Vorschriften des § 854 IV 2 bis 4 finden entsprechende Anwendung.

4. An die Erwirkung des Einstellungsbeschlusses schließen sich regelmäßig private Verhandlungen zwischen dem Dritten und dem Vollstreckungsgläubiger über die Freigabe an. Eine gesetzliche Regelung dieses Stadiums erscheint weder als möglich noch auch nur als nötig. Es läßt sich hinreichender Einfluß auf seine Gestaltung dadurch gewinnen, daß man die Kostenfrage einer gesetzlichen Regelung unterzieht. Bekanntlich erhebt sich in jedem Einzelfalle eines solchen Verhandelns mit einem Intervenienten für den Gläubiger immer wieder die gleiche Frage: hat der Intervenient das Bestehen seines Widerspruchsrechts in dem Maße glaubhaft gemacht, daß ihn im Falle einer Verweigerung der Freigabe und seines Obsiegens in dem zu gewärtigenden Interventionsprozeß keine Kostenlast treffen würde? Welche schwierigen im Ergebnis unsicheren Erwägungen in solchen Fällen angestellt werden müssen, weiß jeder Praktiker. Es wird indessen auf diese Frage erst später eingegangen werden, wenn die Gestaltung der Kostenverteilung bei den Interventionsprozessen im allgemeinen untersucht werden soll. Hier ist zunächst von der Regelung des Verfahrens selbst zu reden.

B. Das Verfahren vor dem Prozeßgericht.

Das Ziel, das jede Neuordnung des Interventionsprozesses verfolgen muß, ist eine Abkürzung der Verfahrensdauer. Es bedeutet für alle Beteiligten einen schweren, oft sogar einen unabsehbaren Schaden, wenn die Interventionsprozesse Monate oder ein ganzes Jahr hindurch andauern und dadurch einerseits die Vollstreckung gehemmt, andererseits der Gebrauch der für die Pfändung in Anspruch genommenen Sachen auf das empfindlichste beeinträchtigt wird. Dieses Bedürfnis ist, wie gezeigt worden war, bereits in den ausländischen Rechten großenteils Veranlassung zu gesetzlichen Sonderregeln gewesen.

Wer die Praxis kennt, weiß, wie oft es vorkommt, daß nach Beendigung eines langdauernden Interventionsprozesses beide Parteien die Geschädigten sind, weil die gepfändeten Sachen bei dem Schuldner überhaupt nicht mehr vorhanden sind. Entweder hat der Schuldner sie — angeblich in Unkenntnis der längst vergessenen Pfändung, deren Pfandsiegel auf unerklärliche Weise verschwunden oder unkenntlich geworden sind — weiterveräußert, so daß die Pfandrechte gemäß § 936 BGB. erloschen sind, oder — ein beinahe nicht minder häufiger

Fall — es haben andere Gläubiger erneut Pfändungen in die gleichen Sachen ausbringen lassen, die schließlich zu ihrer Versteigerung geführt haben. Wie schwer die Versuchung ist, der der Schuldner bei einer wegen Intervention eingestellten Pfändung ausgesetzt wird, läßt sich leicht klarmachen, wenn man erwägt, daß Interventionsprozesse mit einer Dauer von zehn Monaten, einem Jahre und darüber selbst bei nicht revisionsfähigen Sachen, wie noch zu zeigen sein wird, keine Seltenheit sind. Es erfordert ein nicht unerhebliches Maß von Charakterstärke auf seiten des Schuldners, wenn dieser eine so lange Zeit hindurch die Pfandzeichen an den in seinem Gewahrsam belassenen Sachen — man denke insbesondere an Möbelstücke, aber auch an Warenvorräten in offenen Ladengeschäften — dulden soll, zumal, solange die Einstellung andauert, irgendeine Kontrolle nicht stattfindet. Daß andererseits eine so außerordentliche Ausdehnung der Zwangsvollstreckung für den Gläubiger eine mehr als harte Zumutung bedeutet, bedarf kaum der Hervorhebung. Nicht nur hindert ihn die Dauer des Verfahrens daran, zu seinem Gelde zu gelangen oder doch Gewißheit über die Uneintreibbarkeit seiner Forderung zu erhalten: mit jedem Tage der Dauer des Prozesses vergrößert sich sein Risiko, durch eine Verschlechterung des Wertes der Pfandstücke oder durch unbefugte Zugriffe seitens Dritter oder seitens des Schuldners endgültig um die letzte Möglichkeit der Befriedigung seines Anspruches gebracht zu werden. Eine Abkürzung der Interventionsprozesse muß daher mit allen zur Verfügung stehenden Mitteln angestrebt werden.

1. Aber das allein wird noch nicht genügen. Auch unter der idealsten Verfahrensordnung und bei Unterstellung ihrer energischsten Anwendung durch die Praxis wird es niemals zu vermeiden sein, daß Prozesse monatelang andauern. Das zeigt schon die Erfahrung, die die französische Praxis mit dem Verfahren en matière sommaire gemacht hat. Es wird darum erforderlich sein, in allen Fällen, in denen bei einer Pfändung beweglicher Sachen die Pfandstücke im Besitze des Schuldners belassen worden sind und später eine längere Zeit andauernde Einstellung der Vollstreckung erfolgt ist, Kontrollgänge der Gerichtsvollzieher anzuordnen, die innerhalb gewisser Zeiträume stattzufinden hätten. Man wird gegen diesen Vorschlag vielleicht einwenden, daß ein Schuldner, der entschlossen sei, Pfandzeichen abzunehmen, sich davon nicht dadurch abschrecken lassen werde, daß der Gerichtsvollzieher sich innerhalb gewisser Zeiträume einmal zu einer Besichtigung der Pfandstücke einfindet. Allein es gilt selbstverständlich nicht, die zum Pfandbruch Entschlossenen, sondern die hierzu noch nicht Entschlossenen, die die überwältigende Mehrheit bilden, abzuschrecken. Auf der andern Seite gewährt die Anordnung derartiger Kontrollgänge auch einen Schutz gegen Eingriffe neuer Gläubiger, die naturgemäß

in den Ländern freier Gerichtsvollzieherwahl am stärksten zu befürchten sind, aber, wie die Erfahrung lehrt, auch sonst vorkommen. Denn sind die Pfandzeichen einmal entfernt oder unkenntlich geworden, so hat bei einem Wechsel der Gerichtsvollzieher, der z. B. während der Ferienzeit stattfindet, der neue Gerichtsvollzieher gar keinen Anlaß, von der Neupfändung der in Wahrheit schon vorgepfändeten Stücke Abstand zu nehmen. Der wichtigste für die Einführung von Kontrollgängen sprechende Gesichtspunkt dürfte aber der sein, daß nach nicht allzu langer Zeit der Gläubiger, wenn die Pfandstücke nicht mehr vorgefunden werden, immer noch die Möglichkeit hat, eine Pfändung in das weiter noch vorhandene Vermögen auszubringen, eine Aussicht, die naturgemäß mit jedem weiteren Tage immer stärker abnehmen muß.

Es wird daher vorgeschlagen, dem § 808 folgenden Abs. IV anzufügen:

Ist die Zwangsvollstreckung nach erfolgter Pfändung eingestellt worden oder bewilligt der Gläubiger eine Verlegung des Versteigerungstermins, so hat der Gerichtsvollzieher, wenn die Sachen im Gewahrsam des Schuldners belassen worden sind, sich durch Augenscheinseinnahme innerhalb angemessener Zeitabstände davon zu überzeugen, daß die Pfändung noch ersichtlich ist. Erreicht die Dauer der Einstellung den Zeitraum eines Jahres, so hat er mindestens vier Besichtigungen vorzunehmen. Sind die angebrachten Pfandzeichen beseitigt oder ist ihre Beseitigung versucht worden, so hat er die Pfandstücke unverzüglich in Besitz zu nehmen.

Die Besichtigungen sind zu unterlassen, wenn der Gläubiger mit ihrem Unterbleiben einverstanden ist.

Man wird vielleicht zweifeln, ob es richtig ist, die Kontrollgänge auch für den Fall anzuordnen, daß der Gläubiger selbst sich mit einer weiten Verlegung des Versteigerungstermins einverstanden erklärt hat. Indessen würde die gegenteilige Anordnung den Gläubiger eines wichtigen Schutzmittels berauben und dergestalt unter Umständen zu einem Unterbleiben der Terminsverlegung führen, das deswegen nicht als erwünscht gelten kann, weil — bekanntlich — die Art des Güterumsatzes, die bei den öffentlichen Versteigerungen üblich geworden ist, nicht allzu viele volkswirtschaftliche Gesichtspunkte zu ihren Gunsten anzuführen vermag.

Andererseits wird es Fälle geben, in denen der Gläubiger seines Schuldners hinreichend sicher ist. Es wird weiter Fälle geben, in denen der Gläubiger den Wunsch haben wird, auf keinen Fall weitere Kosten zu verursachen — man denke etwa an Pfändungen ganz kleiner Objekte[1]. Es wird endlich Fälle geben, in denen der Gläubiger dem Schuldner durch das Unterbleiben der Kontrollgänge eine Rücksichtnahme zu er-

[1] Selbstverständlich müssen die vorgeschlagenen Kontrollgänge gebührenpflichtig werden.

weisen wünscht. Es erscheint erforderlich, dem dadurch Rechnung zu tragen, daß dem Gläubiger die Möglichkeit eröffnet wurde, die Besichtigung unterbleiben zu lassen.

Man wird vielleicht fürchten, daß die Durchführung unseres Vorschlages eine weitere Steigerung der ohnehin bereits bestehenden Überlastung der Gerichtsvollzieher zur Folge haben müsse. Man wird indessen zu erwägen haben, daß die Überlastung der Gerichtsvollzieher sich in der Hauptsache auf die großen Städte erstreckt. Gerade hier aber spielt, wofern nur die Bezirke einigermaßen zweckmäßig abgegrenzt sind, der Weg als solcher innerhalb der Tätigkeit des Gerichtsvollziehers nicht die wichtigste Rolle. Auch ist in einer sehr großen Anzahl von Fällen der Gerichtsvollzieher ohnehin gezwungen, den Schuldner aus Anlaß einer neuen Pfändung erneut aufzusuchen. Er kann dann den Kontrollgang mit der Pfändung verbinden. Es kommt also alles darauf an, dem Gerichtsvollzieher die Tätigkeit an Ort und Stelle so weit als möglich zu erleichtern. Hierin kann durch zweckmäßigere Gestaltung der Formulare, Vordrucke für Benachrichtigungen der Gläubiger usw. wohl noch sehr viel mehr als bisher getan werden. Gravierender erscheint vielleicht das Bedenken, daß durch die Kontrollgänge Kosten entstehen, die dem Schuldner zur Last fallen und so die Gebührenlast, die schon jetzt bei kleinen Objekten oft die Grenze des Unerträglichen streift, noch mehr erhöhen. Es wird indessen zu zeigen sein, daß dieses Bedenken angesichts der hier vorgeschlagenen Neuregelung der Kostenverteilung beim Interventionsprozeß keine Durchschlagskraft besitzt.

Die Zeiträume zwischen den einzelnen Kontrollgängen festzulegen, kann nicht als ratsam erscheinen. Einmal geht dies schon deswegen nicht an, weil der Schuldner mit dem Zeitpunkt der Kontrollgänge so wenig als möglich vertraut sein muß. Zum andern kann es dem Takt und der Geschäftsbelastung der einzelnen Vollziehungsbeamten überlassen bleiben, die Kontrollgänge nach dem jeweiligen Bedürfnis einzurichten. Nur die Festlegung einer Mindestfrist, wie sie in dem Vorschlag versucht worden ist, erscheint empfehlenswert. Eines besonderen Schutzmittels gegen allzu häufige Kontrollgänge bedarf es nicht. Hier steht dem Schuldner die Dienstaufsichtsbeschwerde zur Seite.

2. Was das Verfahren selbst anbetrifft, so steht gegenwärtig einer wirklichen Beschleunigung länger andauernder Prozesse ein Hindernis entgegen, dessen Behebung selbstverständlicher Bestandteil einer jeden wirksamen Prozeßreform sein muß: die Gerichtsferien. Es entspricht der Entstehungszeit unseres GVG., wenn dieses als gesetzliche Feriensachen zwar die Meß- und Marktsachen (§ 200 II Ziff. 3 GVG.) angesehen wissen will, die innerhalb der letzten 20 Jahre wohl keinem Großstadtrichter mehr vorgekommen sind, wenn es aber den Interventionssachen, über deren Beschleunigungsbedürfnis nach dem Vorangehenden kein

Zweifel obwalten dürfte, die Eigenschaft, Feriensache zu sein, nicht zuspricht. Tatsächlich werden erfahrungsgemäß durchaus nicht alle, wahrscheinlich nicht einmal die meisten Interventionssachen von der Praxis als Feriensachen behandelt. Solange also die — heute freilich im Ernst überhaupt kaum noch diskutable — Einrichtung der Gerichtsferien noch beibehalten wird, müßte in § 200 II folgende Ziff. 9 eingeschaltet werden:

9. *Sachen, in denen über die Zulässigkeit einer Zwangsvollstreckung gestritten wird.*

Unter diese Vorschrift würden außer den Klagen aus § 771 auch diejenigen aus § 767 ZPO. fallen, für deren Beschleunigung die gleichen Erwägungen sprechen dürften. Ebenso würden hierher auch diejenigen Fälle gehören, in denen etwa auf Zustimmung zur Auszahlung einer Summe seitens einer Hinterlegungsstelle geklagt wird, wofern es sich sachlich um einen Streit über die Zulässigkeit einer Vollstreckung handelt.

3. Der Interventionskläger, der darauf ausgeht, die Entscheidung über seine Klage zu verzögern — ein Vorgehen, bei dem er selbst meist nur ein sehr geringes Risiko eingeht —, erlebt seine erste Freude an den regelmäßig viel zu ausgedehnten Einlassungsfristen der ZPO. Von ganz besonderem Nutzen ist für ihn in dieser Beziehung die Vorschrift des § 262 ZPO., die für den Anwaltsprozeß ganze zwei Wochen für erforderlich erklärt. Bekanntlich läuft diese Frist nicht etwa von der Klageeinreichung, sondern erst von ihrer Zustellung an. Das hat zur Folge, daß kaum ein Vorsitzender einer Zivilkammer sich in der Lage sehen wird, einen Termin früher als einen Monat nach der Einreichung der Klage anzuberaumen. Daß der Kläger von seiner Befugnis, Abkürzung der Einlassungsfrist zu verlangen, jemals Gebrauch machen wird, ist bei Interventionsprozessen alles andere als wahrscheinlich: er hat ja bei einer Verzögerung in aller Regel nichts zu verlieren, sondern nur zu gewinnen. Nun kann freilich nach Zustellung der Klage der Beklagte seinerseits Abkürzung der Einlassungsfrist gemäß § 226 und Vorverlegung des Termins beantragen (vgl. auch § 227 ZPO.). Allein wenn der Kläger ihm die Klage gerade so zustellen läßt, daß zwischen Klagezustellung und Termin nicht mehr als zwei Wochen liegen, so wird er davon regelmäßig keinen großen Vorteil haben, abgesehen davon, daß nicht alle Kammern bereit sein werden, Termine um nur eine Woche vorzuverlegen. Auch würde diese Verlegung zudem regelmäßig ihrerseits wieder eine Abkürzung der Ladungsfrist gegenüber dem Kläger notwendig machen.

Allerdings könnte der Beklagte diesem Übelstande sehr wohl dadurch abhelfen, daß er noch vor Erhebung der Klage Abkürzung der gegen ihn selbst laufenden Einlassungsfrist beantragt und um Ansetzung eines nahen Verhandlungstermins bittet[1]. Die Zulässigkeit eines solchen Antrages unterliegt jedoch einigen Bedenken. § 226 gestattet eine Abkürzung der Einlassungs- und der Ladungsfristen nur auf Antrag. Dieser Antrag ist eine formelle Prozeßhandlung. Er kann daher nur von den Parteien gestellt werden[2]. Die Stellung als Partei aber erlangt der Beklagte im ordentlichen Rechtsstreit erst durch die Klageerhebung[3]. Man könnte daraus schließen, daß er vorher gar nicht in der Lage ist, rechtswirksam durch Anträge auf das Verfahren einzuwirken[4]. Es empfiehlt sich deshalb, den Abs. I des § 226 durch folgenden Satz 2 zu ergänzen.

Der Antrag kann von dem Beklagten bereits vor Erhebung der Klage gestellt werden.

Gegen die allgemeine Fassung dieses Satzes werden Bedenken kaum bestehen, da die Entscheidung über den Antrag in vollem Umfange in das Ermessen des Gerichts gestellt ist.

Die vorgeschlagene Regelung dürfte den Vorzug vor einer generellen Verkürzung der Einlassungsfrist — etwa in Anlehnung an die Bestimmung des § 604 ZPO. — verdienen: es gibt Fälle, in denen dem Pfändungsgläubiger eine längere Frist zur Vorbereitung der Klagebeantwortung durchaus erwünscht sein muß, etwa weil noch Ermittelungen anzustellen oder sonstige Vorbereitungen zu treffen sind. Technisch dürfte die Behandlung der eingehenden Abkürzungsanträge, die natürlich nicht zur Anlegung eines besonderen Aktenstückes veranlassen dürfen, bevor die Klage nicht wirklich erhoben ist, keine weiteren Schwierigkeiten bereiten.

4. Passiv legitimiert für die Erhebung der Interventionsklage ist nach der völlig übereinstimmenden Auffassung von Rechtsprechung und Schrifttum ausschließlich der Pfändungsgläubiger. Eine Passivlegitimation des Schuldners ist im geltenden Recht nicht vorgesehen worden. Dagegen bestimmt § 37 II 2 der österreichischen Exekutionsordnung ausdrücklich:

Die Klage kann zugleich gegen den betroffenen Gläubiger und gegen den Verpflichteten gerichtet werden, welche in diesem Falle als Streitgenossen zu behandeln sind[5].

---

[1] Einer generellen Verkürzung der Einlassungsfrist wird es darum nicht bedürfen.

[2] Vgl. statt aller STEIN-JONAS: vor § 128 IV; GOLDSCHMIDT: Zivilprozeßrecht, S. 82.

[3] STEIN-JONAS: vor § 50 III 1.

[4] Daß eine Heilung dieses Mangels möglich ist, soll nicht geleugnet werden. Die Frage ist aber zweifelhaft genug, um eine gesetzliche Regelung nicht als überflüssig erscheinen zu lassen. Im Schrifttum ist sie, soweit ich sehe, bisher nicht zur Erörterung gelangt.

[5] Ebenso code de procédure civ. art. Art. 608 und die japanische ZPO. § 549, II. Die bulgarische ZPO., Art. 1048, läßt Schuldner und Pland-

Trotzdem ergibt sich sachlich kein Unterschied zwischen den beiden Rechten. Die herrschende Meinung des österreichischen Rechts fordert nämlich zur Begründung der Passivlegitimation des Schuldners das Vorliegen einer besonderen Veranlassung zur Klage. Diese Veranlassung aber fehlt, wenn lediglich verlangt wird, die Zwangsvollstreckung solle für unzulässig erklärt werden. Sie ist nur dann gegeben, wenn der Schuldner das Recht des Dritten bestreitet und der Intervenient deshalb Feststellung seines Rechtes begehren kann[1]. Sachlich liegt also solchenfalls eine Häufung von Interventions- und Feststellungsklage vor. Diese aber ist auch nach deutschem Rechte zweifellos zulässig[2].

Eine Änderung dieses Rechtszustandes ist nicht empfehlenswert. An dem Kampf zwischen Interventionskläger und Pfändungsgläubiger ist der Schuldner nur tatsächlich, nicht auch rechtlich interessiert. Seine Hineinziehung in den Prozeß läßt sich deshalb, so wünschenswert sie mitunter dem Pfändungsgläubiger erscheinen mag, sachlich nicht rechtfertigen.

5. Für die Form[3] der Interventionsklage hat das Gesetz irgendwelche besonderen Vorschriften nicht vorgesehen. Insbesondere verlangt es nicht, daß der Interventionskläger schon mit der Klage den Vertrag, durch den ihm die gepfändete Sache angeblich sicherungshalber übereignet worden ist, in Urschrift oder Abschrift zu den Gerichtsakten reiche oder doch das Aktenzeichen derjenigen Gerichtsakten angebe, zu denen der Vertrag bereits gereicht worden ist. Immer wieder von neuem wiederholt sich daher in der Praxis der Vorgang, daß der erste Termin gänzlich nutzlos verläuft und bestenfalls einen Beschluß zeitigt, durch den dem Kläger die Vorlegung des Vertrages zu dem kommenden Termin aufgegeben wird. In nicht ganz seltenen Fällen geschieht es dann, daß der Kläger hierauf nach einiger Zeit — mitunter sind es Wochen! — erklärt, den Vertrag zu irgendwelchen anderen Akten gereicht zu haben. Die Folge hiervon ist, daß auch der zweite Termin

---

gläubiger dagegen zu *notwendigen* Streitgenossen werden (vgl. Art. 245); ähnlich auch Art. 1539 des spanischen ley de enjuiciamiento. Über das gemeine und das preußische Recht vgl. FALKMANN: Zwangsvollstreckung, S. 407.

[1] NEUMANN-LICHTBLAU: Komm. zur Exekutionsordnung, zu § 37, S. 190f.

[2] Vgl. STEIN-JONAS: § 771 IV.

[3] Eine *Befristung* der Interventionsklage hat BAUER-MENGELBERG: ZZP. 55, 179ff. vorgeschlagen. Indessen besteht dafür kein Bedürfnis. Das Anstehen des Versteigerungstermins verhindert eine Hinauszögerung der Klagerhebung wirksamer, als jede Ausschlußfrist es vermöchte. Sorge getragen werden muß nur für die Fälle, in denen ein Versteigerungstermin nicht angesetzt werden kann, weil es sich um eine Pfändung aus einem Arrestbeschluß oder einer einstweiligen Verfügung handelt. Darüber vgl. unten S. 76ff.

wieder ergebnislos verstreicht, weil beschlossen werden muß, jene Akten zwecks Beweises heranzuziehen. Daß diese jedem Praktiker wohlvertrauten Verhältnisse, die ein gut Teil zu der Überfüllung der Terminszettel, namentlich bei den Amtsgerichten, und zu der inneren Aushöhlung der mündlichen Verhandlung beigetragen haben, einer Abänderung dringend bedürfen, liegt auf der Hand.

Man könnte versucht sein zu glauben, daß eine energischere Handhabung der bereits bestehenden Vorschriften einen Wandel herbeiführen könne. Allein diese Hoffnung erweist sich als trügerisch. § 95 ZPO. gleicht für die weit überwiegende Mehrzahl aller Fälle einem Messer ohne Heft und Klinge: durch die Verlegung eines Termins — und namentlich des ersten Termins, zu dem Zeugen nicht geladen waren — entstehen regelmäßig gar keine besonderen Kosten. § 272b ZPO., bei dessen Schaffung offensichtlich ähnliche Erwägungen wie die hier vorgetragenen entscheidend gewesen sind, hat sich in der Praxis nicht in hinreichendem Maße bewährt. Das hat seinen Grund in zwei Umständen: einmal kann die Vorschrift nämlich nur dann zur Anwendung gelangen, wenn der Richter jede eingehende Klage schon bei ihrem Eingang wirklich durcharbeitet. Es mag bedauerlich klingen: Tatsache ist, daß dies namentlich bei den großstädtischen Amtsgerichten in weitem Umfange weder geschieht noch auch nur geschehen kann. Denn der Umfang vieler prozeßrichterlicher Dezernate an den Großstadtgerichten ist ein derartig großer, daß der Richter auch bei schnellstem Arbeiten und größter Routine sich damit begnügen muß, die Klage flüchtig zu überlesen und mit dem Terminsstempel zu versehen. Solange eine Entlastung der Dezernate nicht zu erwarten ist — und in absehbarer Zeit ist sie nicht zu erwarten —, wird man gut tun, diese Verhältnisse als Gegebenheiten hinzunehmen und mit ihnen zu rechnen. Dazu aber kommt ferner, daß der Richter im Falle der Nichtbefolgung einer aus § 272b getroffenen Anordnung gar kein rechtes Mittel hat, um auf sie zu reagieren. Nach der herrschenden — und übrigens wohlbegründeten — Meinung[1] kann eine Anordnung nach § 272b nicht in der Form des § 279a erfolgen. § 95 ZPO. scheidet aus den bereits dargelegten Gründen aus. Sonach verbleibt nur noch die Möglichkeit der Auferlegung einer Verzögerungsgebühr aus § 39 GKG. Die rechtlichen Voraussetzungen für sie sind freilich gegeben. Ist der Partei gemäß § 272b die Vorlegung des Übereignungsvertrages aufgegeben worden, so ist sie nach § 134 ZPO. verpflichtet, den Vertrag auf der Geschäftsstelle niederzulegen. Verletzt die Partei diese Pflicht in einer Weise, die sie zu vertreten hat, so kann ein Verschulden vorliegen, das die Reaktion des § 39 GKG. rechtfertigt. Allein es hieße sich einer Täuschung hin-

[1] Vgl. Stein-Jonas: § 272b III zu Note 5; Baumbach: zu § 272b, Anm. 1.

geben, wollte man glauben, daß diese Möglichkeit hinreiche. Wie die Praxis lehrt, wird seitens der Gerichte von § 39 GKG. nur außerordentlich selten Gebrauch gemacht. Den Grund dieser Zurückhaltung wird man keineswegs allein darin suchen dürfen, daß § 39 GKG., der praktisch gewiß vorteilhafter der ZPO. eingegliedert worden wäre, nicht allen Richtern vertraut ist. Ausschlaggebend dürfte vielmehr eine gewisse Scheu sein, den Parteien innerhalb eines Zivilprozesses Strafen aufzuerlegen und dadurch ihre — namentlich bei kleinen Objekten — nach dem Gefühl der meisten Praktiker ohnehin bereits reichlich bemessene Kostenlast noch zu erhöhen. Man wird diese Haltung der Gerichte nicht tadeln können: die Prozeßstrafe ist psychologisch innerhalb des Zivilprozesses ein Fremdkörper. Sie kann bei häufigerem Gebrauch das Vertrauensverhältnis zwischen Gericht und Parteien nachdrücklich beeinträchtigen. Sie führt zu einer Überbetonung des Behördencharakters des Gerichts, die gerade den besten unter den Richtern alles andere als sympathisch erscheint.

Ob und inwieweit sich dieser Tatsache gegenüber allgemein eine Abhilfe schaffen lassen wird, steht hier nicht zur Untersuchung. Ein Zwang gegenüber den Parteien, alle in der Klage in Bezug genommenen Urkunden dem Gericht vorzulegen, würde zweifelsohne viel zu weit gehen. Er würde die klagenden Parteien in vielen Fällen zwingen, dem Gericht umfangreiches Urkundenmaterial vorzulegen, bevor überhaupt noch feststeht, welche Punkte der Gegner bestreiten wird. Er würde zu einer Anhäufung von Urkunden in den Geschäftsstellen der Gerichte führen und den Parteien selbst Material entziehen, das sie bei ihrer beruflichen Tätigkeit nicht oder nur schwer entbehren können. Auch in dieser Frage erscheint uns legislatorisch der spezialisierende, d. h. die einzelnen wirtschaftlich verschiedenen Prozeßtypen unterscheidende Weg als der richtige. Wir befürworten daher die Einstellung einer Vorschrift in den § 771, nach der der Kläger, wenn er die Klage auf eine Sicherungsübereignung oder einen Eigentumsvorbehalt stützt, die Urkunden, die sein Recht dartun sollen, mit der Klage einzureichen hat.

Es fragt sich nur, in welcher Weise diese Vorschrift gegen Übertretungen geschützt werden soll. Scheidet die Prozeßstrafe aus — und daß sie ausscheiden muß, dürfte nach dem Vorstehenden keinem Zweifel mehr unterliegen —, so verbleiben nur zwei Möglichkeiten: die Übertretung muß entweder materielle Nachteile für den Kläger im Gefolge haben oder von Einfluß auf die Verteilung der Prozeßkosten sein.

Die erste dieser beiden Möglichkeiten dürfte die weniger empfehlenswerte sein. Der Zivilprozeß dient der Durchsetzung des materiellen Rechts. Jedes Hindernis, das das Prozeßrecht der Durchführung des materiellen Rechts setzt, ist daher als solches ein Übel. Dem Laien erscheint das Scheitern materiell begründeter Ansprüche an prozessualen

Schranken als ein Sieg des Formalismus über die Gerechtigkeit. Formalitäten vollends, die, wie es hier der Fall sein würde, lediglich der Beschleunigung des Rechtsstreites dienen, sollten daher keinesfalls von Bedeutung für die materielle Beurteilung eines Streitfalles werden.

Es verbleibt sonach nur die Möglichkeit, die Übertretung bei der Kostenverteilung zu berücksichtigen. Die Kostenfrage des Interventionsprozesses als solche wird alsbald noch ausführlich zu behandeln sein. Der hier in Rede stehende Gedanke steht indessen mit ihr nur in losem Zusammenhange. Er kann daher erörtert werden, bevor diese Frage selbst in Angriff genommen wird.

Eine Kostenfolge der Verzögerung der Vorlegung des Vertrages bei Sicherungsübereignung und Eigentumsvorbehalt könnte nur in der Weise eintreten, daß eine weitere Ausnahme von dem Grundsatze des § 91 ZPO. geschaffen wird. Solche Ausnahmen hat es bekanntlich immer gegeben. Ihre Zahl ist durch die Novelle von 1924 noch vermehrt worden. Man kann diese bisher schon bestehenden Ausnahmen in drei Gruppen einteilen[1]. In der ersten dieser Gruppen handelt es sich um die Berücksichtigung der Veranlassung zum Rechtsstreit (§ 93), in der zweiten um die Heraushebung eines Verfahrensteiles, der hinsichtlich der Kostenentscheidung als selbständiges Verfahren figuriert (vgl. z. B. §§ 96, 97, 238, 276, 344 ZPO.). Die dritte Gruppe dagegen trägt ein besonderes Gesicht: die ihr zugehörigen Normen haben die Aufgabe, das Verhalten der Parteien während des Prozesses durch die zu erwartende Kostenentscheidung zu beeinflussen. Diese Gruppe ist es, die durch die Novelle von 1924 (§§ 278 II, 283 II) in dem bekannten starken Umfange erweitert worden ist (früher nur §§ 95 ZPO., 39 GKG.). Trotzdem erscheint es uns nicht als empfehlenswert, die neu zu schaffende Vorschrift gedanklich an die schon vorhandenen Normen anzulehnen. Allerdings sind die gegen die Neuordnung innerhalb des bisherigen Schrifttums erhobenen Einwendungen nicht durchweg überzeugend. Es erscheint keineswegs, wie man gemeint hat[2], als unzulässig, die Frage nach der Art der Prozeßführung mit derjenigen nach der Kostentragung zu verkoppeln. Und ebensowenig dürfte es zutreffen, daß es, wie gelegentlich behauptet worden ist[3], unmöglich sei, objektive Kriterien für den Begriff der Nachlässigkeit der Prozeßführung zu finden. Dennoch: die sechs Jahre der Wirksamkeit der beiden neuen Bestimmungen dürften den Beweis erbracht haben, daß eine nennenswerte Beschleunigung des Verfahrens nicht eingetreten ist. Ja, mehr noch: daß die Gerichte von der ihnen gewährten Befugnis nur

---

[1] Vgl. dazu STEIN-JONAS: vor § 91 II 1; ROSENBERG: Lehrbuch § 78 III 5.
[2] So z. B. JUNCKER bei STEIN: Grundriß, 2. Aufl., § 124 II.
[3] JUNCKER: § 57 IV.

in verhältnismäßig wenigen, gegenüber der Gesamtzahl nicht ins Gewicht fallenden Fällen Gebrauch machen[1].

Woran liegt das? Die Beantwortung dieser Frage kann nicht erspart bleiben: gilt es doch, den legislatorischen Fehler, der offensichtlich bei der Schaffung dieser Bestimmungen gemacht worden ist, zu vermeiden. Daß die Beantwortung nur den Anspruch auf annähernde Richtigkeit erheben darf, versteht sich angesichts der Natur der Fragestellung von selbst.

Es scheint, daß die Hauptschuld an dem Versagen beider Normen in zwei Gründen zu suchen ist: darin, daß in beiden Fällen ein Verschulden vorausgesetzt wird[2], und darin, daß die Höhe, in der dieses Verschulden Berücksichtigung finden soll, dem Ermessen des Gerichts überlassen worden ist. Daß die Voraussetzung eines Verschuldens hindernden Einfluß ausübt, ergibt sich, wenn man erwägt, daß die Feststellung eines Verschuldens regelmäßig die Anstellung weiterer Ermittlungen und damit eine Vermehrung des Prozeßstoffes, die gleichzeitig eine weitere Verzögerung des Prozesses bedeutet, notwendig machen wird. Offenbar ist es diese Folge, der der Gesetzgeber entgehen wollte, indem er die Feststellung des Verschuldens der „freien richterlichen Überzeugung" anheimstellte. Allein der Gesetzgeber hat den Grad der Vorsicht, mit der traditioneller- und berechtigterweise die Praxis — und zwar auch der unteren Instanzen — von einer Ermessensfreiheit Gebrauch zu machen pflegt, erheblich unterschätzt. Gerade der gewissenhaft und gründlich arbeitende Richter wird sich scheuen, den Parteien Vorwürfe zu machen, die er mit nichts anderem als einer oberflächlichen Abschätzung der Verhältnisse zu begründen vermag.

Auch hinsichtlich der Höhe, in der dem Verschulden Rechnung zu tragen ist, hat der Gesetzgeber die Ermessensfreiheit übertrieben und dadurch entwertet. Welchen Anteil der Kosten soll z. B. das Gericht einem Kläger auferlegen, der bei einem Objekt von 10000 RM. und einer Beweisaufnahme von 10 Zeugen durch verspätete Benennung eines Zeugen den Prozeß um 3 Wochen verzögert hat? Eine befriedigende Beantwortung dieser Frage, auf deren Problematik bereits JUNCKER hingewiesen hat[3], erscheint fast als ein Ding der Unmöglichkeit. Wenn so die zu weitgehende Ermessensfreiheit, die der Gesetzgeber dem Richter eingeräumt hat, die Schuld an dem Versagen des Gesetzes trägt, so folgt daraus dennoch noch nicht, daß nach der hier vertretenen Auf-

---

[1] Vgl. auch ROSENBERG: DJZ. 1931, Sp. 51, der den Grund dieser Erfolglosigkeit allerdings in anderen Gründen erblickt, als es oben im Text geschieht.

[2] Darüber, daß dies wirklich der Fall ist, vgl. STEIN-JONAS: zu § 278 III ROSENBERG: § 78 III 2a; a. M. BAUMBACH: zu § 278, Anm. 6.

[3] a. a. O.

fassung die §§ 278 II, 283 II ZPO. der Aufhebung verfallen müßten. Ganz im Gegenteil! Auch wenn die §§ 278 II, 283 II die Aufgabe, die man ihnen zugewiesen hat, nicht erfüllen konnten, mögen sie immerhin imstande sein, in beschränktem Kreise nützliche Wirkungen zu erzielen. Nur bedürfen sie einer Ergänzung, die eben in dem Sinne erfolgen müßte, der den Grundgedanken dieser Arbeit darstellt: es muß für eine Reihe von Spezialfällen dem Richter eine feste Entscheidungsgrundlage und damit die Möglichkeit gegeben werden, in diesen Fällen mit gesteigerter Energie dem Versuche einer Prozeßverschleppung entgegentreten zu können.

Es wird deshalb vorgeschlagen, dem § 771 folgende Abs. III—V (der jetzige Abs. III wird Abs. VI) einzufügen:

Wird das die Veräußerung hindernde Recht aus einer Sicherungsübereignung oder einem Verkauf unter Eigentumsvorbehalt hergeleitet, so hat der Kläger gleichzeitig mit der Klageschrift die Urschrift des sein Recht begründenden Vertrages auf der Geschäftsstelle niederzulegen und den Gegner von der Niederlegung zu benachrichtigen. Die Niederlegung darf unterbleiben:

1. wenn der Vertrag sich in den Händen des Gegners befindet,

2. wenn er dem Kläger abhanden gekommen ist,

3. wenn er sich im Gewahrsam einer Behörde oder eines Notars befindet und diese in der Klageschrift oder sonst rechtzeitig in einer Weise bezeichnet werden, die es dem Gericht ermöglicht, durch Ersuchen an die Behörde oder den Notar die Urschrift zur ersten mündlichen Verhandlung herbeizuziehen.

Unterbleibt die Niederlegung, ohne daß einer der Fälle des Abs. III Satz 2 vorliegt, so hat das Gericht dem Kläger auch im Falle seines Obsiegens die Hälfte der Kosten des Rechtsstreits aufzuerlegen. Diese Vorschrift findet keine Anwendung, wenn der Kläger die Urschrift nach der Klageerhebung, aber so rechtzeitig vorlegt, daß die Frist des § 134 II gewahrt bleibt.

Im Falle des Abs. I Satz 2 Ziff. 1 ist dem Beklagten die Vorlegung des Vertrages zum ersten Termin aufzugeben. In dem Falle des Abs. I Satz 2 Ziff. 3 hat das Gericht den Vertrag bereits zum ersten Termin herbeizuziehen. Das Gericht hat den Kläger auf die Folgen des Unterbleibens rechtzeitiger Vorlegung alsbald nach der Einreichung der Klage hinzuweisen.

Im einzelnen ist zur Rechtfertigung dieses Vorschlages noch das Folgende zu bemerken:

Es ist durchaus nicht unbeabsichtigt, wenn mit der vorliegenden Regelung auch die Fälle getroffen werden, in denen eine schriftliche Fixierung des Vertrages überhaupt nicht stattgefunden hat. Der dadurch auf die Parteien im Sinne des Zustandekommens einer schriftlichen Niederlegung auszuübende Druck kann nur heilsam wirken. Daß, wenn sie unterblieben ist, dem Gegner das Risiko der Gerichtskosten zur Hälfte abgenommen wird, erscheint keineswegs als unbillig.

Man kann auch nicht einwenden, es könne dem Kläger nur entweder die ganze oder gar keine Kostenlast auferlegt werden. Denn die vorgeschlagene Regelung vermindert zwar das Interesse des Beklagten an einem rechtzeitigen Anerkenntnis im Sinne des § 93 ZPO., hebt es aber nicht auf und läßt deshalb den Anreiz zu einer vorzeitigen friedlichen Beilegung des Streites nicht gänzlich fallen. Dem Kläger alle Kosten auferlegen, hieße, den Beklagten zur Prozeßführung auch in aussichtslosen Fällen geradezu veranlassen[1].

Gibt man aber zu, daß die Ausübung eines Druckes auf den Kläger nur in der Form möglich ist, daß ihm bei Nichterfüllung der Vorlegungspflicht ein Teil der Prozeßkosten auferlegt wird, so zwingen die Erfahrungen mit der Novelle von 1924 gebieterisch dazu, einerseits von der Frage des Verschuldens gänzlich abzusehen, andererseits aber einen festen Satz zu bestimmen, der in allen Fällen vom Kläger getragen werden muß.

Die Ausnahmen des zweiten Satzes suchen die wichtigsten Fälle zu berücksichtigen, in denen ohne ein Verschulden des Klägers die Niederlegung nicht möglich ist. Sie sind absichtlich eng gehalten und der Zahl nach begrenzt. Wer Waren unter Eigentumsvorbehalt verkauft oder sie zur Sicherung übereignet erhalten hat, rechnet mit Pfändungen seitens dritter Gläubiger. Er mag sich daher darauf einrichten, jederzeit zu einer Intervention bereit zu sein. In Ziff. 3 ist die Angabe des Aktenzeichens der Behörde nicht verlangt worden. Sie würde oft gar nicht möglich sein: man denke etwa an den Fall, daß eine andere Klage soeben erst zur Terminsbestimmung eingereicht worden ist. In Ziff. 2 soll das Wort „abhandenkommen" im technischen Sinne des § 935 BGB. verstanden werden. Wer die Vertragsurschrift freiwillig fortgegeben hat, muß sich gegen die Gefahr sichern, sie nicht rechtzeitig zur Verfügung zu haben. Ziff. 1 enthält eine aus Billigkeitsgründen gebotene Ausnahme hiervon.

Absichtlich nicht aufgenommen ist der in der Praxis bei wirklich streitiger Rechtslage recht seltene Fall, daß der Beklagte Inhalt und Abschluß des Vertrages anerkennt und die Vorlegung dadurch über-

[1] Die hier vorgeschlagene Regelung steht jedenfalls keineswegs in Widerspruch mit dem zutreffenden Satze JONAS', daß „weder der Vollstreckungsgläubiger noch der Intervenient von Hause aus näher daran ist, das Risiko der Prozeßkosten zu tragen" (JW. **1930**, 2071). Denn dieses Risiko wird ihm hier nicht „von Hause aus", sondern nur für den Fall auferlegt, daß er der ihm — auch im öffentlichen Interesse — obliegenden Pflicht, für eine rasche Abwicklung des Interventionsprozesses zu sorgen, nicht nachkommt.

flüssig wird. Es soll damit verhindert werden, daß geschäftsunkundige Pfändungsgläubiger dazu verleitet werden, Behauptungen einzugestehen, deren Richtigkeit objektiv keineswegs feststeht.

Die Vorschrift soll indessen nicht mehr als ihren Zweck, die Herbeiführung einer sachlichen Verhandlung schon im ersten Termin, erreichen. Aus dieser Erwägung rechtfertigt sich die für Abs. IV Satz 2 vorgesehene Vorschrift, die gedanklich an § 134 II ZPO. anknüpft.

Man wird vielleicht Bedenken gegen die Gleichstellung von Sicherungsübereignung und Eigentumsvorbehalt haben, die hier befürwortet wird, während sie früher abgelehnt wurde (vgl. oben S. 28f.). Indessen sind die Folgen dieser Gleichstellung in der vorliegenden Regelung denn doch erheblich weniger weitgehend als in der damals zur Erwägung gestellten. Es handelt sich hier nicht darum, daß eine Vollstreckung in eine dem Schuldner nicht gehörige Sache wirklich durchgeführt und das Recht des Dritten dergestalt gänzlich zerstört werden soll. Sondern es soll demjenigen Pfändungsgläubiger, der einem Eigentümer gegenübersteht, welcher seinen Anspruch in so wenig verkehrsüblicher Weise geltend macht, das Risiko der Prozeßkosten wenigstens teilweise abgenommen und so auf den Gegner ein erzieherischer Druck ausgeübt werden, in Zukunft mehr als bisher für eine Sicherung seiner vertraglichen Abmachungen besorgt zu sein. Dieser Druck ist andererseits nicht so stark, daß er den Verkehr zu wirtschaftlichen Schleichwegen und konstruktiven Umgestaltung nötigen könnte. Es wird sich also kaum der Einwand erheben lassen, daß die hier vorgeschlagene Maßnahme der Gefahr jeder kasuistischen Regelung, nämlich der Umgehung, ausgesetzt sei.

Von manchen großstädtischen Amtsrichtern wird nicht selten der Standpunkt vertreten, daß sich vorbereitende Maßnahmen schon zum ersten Termine deswegen nicht empfehlen, weil sie unnötige Arbeit und Kosten verursachen, wenn es nachher zu einem Versäumnis- oder Anerkenntnisurteil kommt oder der Beklagte diejenigen Punkte, über die Aufklärung eingeholt wurde, garnicht bestreitet. Diese Befürchtung ist natürlich nicht unbegründet. Sie hat gewiß viel zu dem Versagen des § 272b ZPO. beigetragen. Gegenüber der hier vorgeschlagenen Regelung vermag sie indessen nicht Platz zu greifen. Bei Interventionsprozessen bilden Anerkenntnis- und Versäumnisurteile erfahrungsgemäß einen außerordentlich geringen Prozentsatz. Fälle, in denen es auf den Inhalt und den Wortlaut des Vertrages nicht ankommt und in denen auch die Tatsache seines Abschlusses unstreitig ist, stellen eine solche Seltenheit dar, daß ihretwegen Bedenken gegen unseren Vorschlag nicht erhoben werden können.

Der letzte Satz unseres Abs. V bezweckt den Schutz geschäftsungewandter Kläger. Man könnte hiergegen, wie überhaupt gegen unseren Abs. V einwenden, daß so sehr „technische" Dinge, wie diejenigen, die hier angeordnet werden, nicht in das Gesetz gehörten, sondern Sache von ministeriellen Verfügungen oder gar bloßen Präsidialrundschreiben seien. Demgegenüber darf darauf hingewiesen werden, daß die innere Aushöhlung der mündlichen Verhandlung namentlich in der amtsgerichtlichen Praxis schon so weit fortgeschritten, das Bewußtsein von der Notwendigkeit, mit jeder Verhandlung auch wirklich zu *prozedieren* — d. h. *fortzuschreiten* —, schon so weit geschwunden ist, daß sich die Einsetzung der gesamten Energie, die einer zwingenden gesetzlichen Norm innewohnt, empfiehlt, um dem Übel zu steuern.

Erforderlich ist freilich. daß die Maßnahmen, die der vorgeschlagene Abs. V des § 771 vorsieht, nicht dem Richter aufgebürdet, sondern von der Geschäftsstelle erledigt werden. Es handelt sich bei ihnen um Akte, die, ohne große Rechtskenntnisse vorauszusetzen, nur Aufmerksamkeit und Raschheit erfordern. Es könnte daher durch besondere Ausführungsverordnung der Landesjustizbehörden die Sorge für die Erledigung dieser gesetzlichen Anordnung den Geschäftsstellen übertragen werden[1].

6. Gleichzeitig mit der Einreichung der Klage pflegt seitens des Intervenienten der Antrag auf weitere Einstellung der Zwangsvollstreckung gemäß § 769 I ZPO. gestellt zu werden. Es wird sich empfehlen, die Einstellung ohne Sicherheitsleistung, die in neuerer Zeit an Boden gewonnen hat, davon abhängig zu machen, daß der Kläger zur Leistung einer solchen Sicherheit nicht imstande ist. Der Gesichtspunkt, der von uns bei der Erörterung des von dem Vollstreckungsgerichte zu erlassenden Einstellungsbeschlusses hervorgehoben wurde, daß der Intervenient bei der Dringlichkeit der Angelegenheit die Sicherheit in vielen Fällen nicht werde beschaffen können, greift bei dem Einstellungsbeschlusse des Prozeßgerichts nicht durch. Ein gesetzgebungstechnischer

---

[1] Dabei sei prinzipiell die Bemerkung gestattet, daß ein solches Zusammenwirken von Geschäftsstelle und richterlichem Dezernenten bei der Durchführung der ordentlichen Prozesse — wie es ähnlich in gut organisierten Anwaltsbüros im Verhältnisse von Anwalt und Bürovorsteher gehandhabt zu werden pflegt — erheblich zweckvoller und leichter durchführbar sein dürfte, als es die jetzt so häufig befürwortete Übertragung ganzer Angelegenheiten — etwa der Versäumnis- oder der Anerkenntnissachen und des Güteverfahrens — auf den Rechtspfleger sein würde. In dieser Beziehung ließe sich ohne jeden gesetzgeberischen Eingriff mehr für die Entlastung der Richter von kleinlicher Schreibarbeit tun als durch viele Verfahrensänderungen. Nach einer freundlichen Mitteilung von Herrn Priv.-Doz. Dr. SCHWINGE (Bonn) hat man bei dem OLG. Jena mit einer in diesem Sinne durchgeführten Organisation bereits gute praktische Erfahrungen gemacht. Die Gegenmeinung sucht ihre Begründung offenbar weniger in Zweckmäßigkeitserwägungen als in einer rein ideell orientierten Rücksichtnahme auf die Standesinteressen des Bürobeamten (vgl. z. B. LEVIN: DJZ. 1931, Sp. 45), die uns keinerlei Billigung zu verdienen scheint.

Fehler aber wäre es natürlich, wollte man einen besonderen Nachweis der Unfähigkeit zur Sicherheitsleistung fordern. Denn das würde zu umständlichen Beweisaufnahmen und daher zu Verzögerungen und zur Erhöhung der Geschäftsbelastung führen. Es empfiehlt sich darum, an ein Erfordernis anzuknüpfen, das mit größter Leichtigkeit jederzeit festzustellen ist: die Bewilligung des Armenrechts.

§ 769 I wäre demgemäß durch folgenden Satz 3 zu ergänzen:

Die Einstellung ohne Sicherheitsleistung darf nur dann erfolgen, wenn der Antragsteller die Bewilligung des Armenrechts nachgesucht hat. Die Anordnung einer Sicherheitsleistung muß erfolgen, wenn die Bewilligung des Armenrechts verweigert wird.

Die Befürchtung, daß die Zahl der Armenrechtsgesuche vermehrt werden würde, dürfte nicht ausschlaggebend gegen diese Regelung sprechen. Hinreichend strenge Handhabung der Bewilligungspraxis vermag hier sehr wohl ausgleichend zu wirken. Die vorgeschlagene Gestaltung bietet den Vorteil, daß auf den Antrag einer armen Partei zunächst einmal ohne Sicherheitsleistung eingestellt werden kann, so daß Zeit gewonnen wird, um in Ruhe über die Gewährung des Armenrechts und damit über die endgültige Stellungnahme zu der Anordnung einer Sicherheitsleistung befinden zu können[1].

7. Von weiteren direkten Eingriffen in das Verfahren bis zum Urteil soll Abstand genommen werden. Eine Sonderregelung der Gestaltung des Verfahrens selbst würde eine Veruneinheitlichung und dadurch eine Verwirrung in den Verlauf der Verhandlungen, namentlich vor den Amtsgerichten, hineintragen, die durchaus nachteilig wirken müßte. Sie ist aber auch gar nicht erforderlich. Wenn wir von den so viel diskutierten Fragen nach der Einschränkung der Zeugenvernehmung und ihrer teilweisen Ersetzung durch den Formenzwang sowie nach dem Fortbestehen des Parteieides hier einmal absehen, so scheint es uns, als ob im allgemeinen unser Verfahren weniger in den großen Grundprinzipien als in den für die Praxis oft nicht weniger bedeutsamen *Kleinigkeiten* einer Umgestaltung bedürfe.

Unter diesen wesentlichen Kleinigkeiten spielt eine besonders große Rolle die Frage nach der Kostenentscheidung im Interventionsprozeß. Für ihre Bedeutung ist kennzeichnend, daß nach einer durchaus zu-

---

[1] Die Prüfung seitens des Prozeßgerichts, die zu der Einstellung führt, wird in der Praxis vielfach sehr oberflächlich geführt. Man verläßt sich nicht selten einfach darauf, daß der Vollstreckungsrichter das Richtige getroffen haben werde, während der Gesetzgeber doch davon ausging, daß der Vollstreckungsrichter eine nur vorläufige Prüfung anzustellen brauche, weil die endgültige Entscheidung beim Prozeßrichter liege. Hiergegen vermag jedoch keine gesetzgeberische Maßnahme zu helfen. Es dürfte am Platze sein, die entstandenen Mißbräuche in einer ministeriellen Allgemeinverfügung zu kennzeichnen.

treffenden Äußerung FRIEDRICH STEINS[1] auf dem gesamten Gebiete des Zivilprozeßrechts über keine einzige Frage eine annähernd gleich große Anzahl von Entscheidungen — und wie hinzugefügt werden darf: von widersprechenden Entscheidungen — veröffentlicht worden ist, wie über sie. Es ist charakteristisch für die Entfernung, in der sich unsere Prozeßreformdebatte von den unmittelbaren Bedürfnissen der Praxis hält, daß eine legislatorische Regelung dieser Frage, soweit wir sehen, bisher überhaupt nicht in Erwägung gezogen worden ist. Und dies, obwohl die Uneinheitlichkeit, die innerhalb der Praxis herrscht, die gerade hier so bedeutsame Rechtssicherheit fast auf den Nullpunkt hat sinken lassen.

Kernpunkt der Zweifel und des Streites ist die Bestimmung des § 93 ZPO., nach der der siegreiche Kläger die Kosten des Rechtsstreites dann zu tragen hat, wenn der Beklagte keine Veranlassung zur Erhebung der Klage gegeben und den Anspruch seines Gegners sofort anerkannt hat.

a) Was zunächst die erste dieser beiden Voraussetzungen anbetrifft, so hat bekanntlich die Praxis in rechtsfortbildender Ausgestaltung des Gesetzesrechts den Grundsatz festgelegt, daß die bloße Pfändung als solche noch keine Veranlassung zur Klage darstelle, daß diese vielmehr erst dann vorliege, wenn der Pfändungsgläubiger die gepfändete Sache nicht freigibt, obgleich der Intervenient ihm sein Gegenrecht glaubhaft gemacht hat[2]. Man mag die dogmatische Begründung dieser Lehre für wenig überzeugend halten[3]. Man mag im einzelnen ihre Durchführung durch die Rechtsprechung weder immer billigenswert noch auch nur immer widerspruchslos finden. Daß sie im Prinzip den wirtschaftlichen Notwendigkeiten und der Billigkeit entspricht, wird man jedenfalls zugeben müssen. Der beste Beweis hierfür wird durch die Tatsache erbracht, daß Rechtsprechung und Literatur des österreichischen Prozeßrechts — § 45 öZPO. entspricht insoweit völlig dem § 93 ZPO. — sich nach anfänglichem starken Widerstreben immer stärker der gleichen Auffassung zuzuwenden beginnen[4]. Freilich scheut man sich hier noch

[1] JW. **1922**, 1397.

[2] Nachweise aus der Rechtsprechung finden sich in allen Kommentaren zu § 93, vor allem aber bei FRAUSTÄDTER: Die Kostenlast im Interventionsprozeß (1928), S. 10ff.

[3] Vgl. die Einwendungen von METZGES: Gruch. **50**, 646.

[4] Vgl. etwa NEUMANN: ZPO. § 45, Anm. 6; NEUMANN-LICHTBLAU: Exekutionsordnung, § 37, S. 176 und die Zusammenstellung aus der Judikatur bei KLEIN-SCHAUER-HERMANN: ZPO. § 95, Ziff. 9; GANS-KAFKA (Tschechoslow.): § 45 ZPO., Nr. 12—19. Daß die Frage in Österreich nicht die gleiche Rolle spielt wie bei uns, liegt wiederum daran, daß hier der Sicherungsübereignung die Fähigkeit, als Grund der Exszindierungsklage zu dienen, abgesprochen wird. Vgl. NEUMANN-LICHTBLAU: a. a. O., S. 183 und WALKER-PROHASKA (für Tschechoslow.): System des Exekutionsrechts, S. 95; beide mit weiteren Literaturangaben.

immer, den letzten Schritt zu tun und von dem Verlangen nach einer Auskunftserteilung, die dem Gläubiger eine Nachprüfung der Sach- und Rechtslage ermöglicht, zu demjenigen nach einer Glaubhaftmachung überzugehen. Aber man wird bei dieser Differenz unbedingt der deutschen Rechtsprechung den Vorzug geben müssen. Denn in welcher Weise soll der Pfändungsgläubiger, der ja regelmäßig den Verhältnissen des Intervenienten gänzlich fremd gegenübersteht[1], derartige Angaben auf eigene Faust nachzuprüfen vermögen?

α) Sieht man freilich etwas näher zu, wie diese Glaubhaftmachung in der Praxis regelmäßig erfolgt, so tauchen wiederum Bedenken auf. Bekanntlich dient als Mittel der Glaubhaftmachung in der weitaus überwiegenden Mehrzahl aller Fälle eine eidesstattliche Versicherung des Schuldners, des Intervenienten selbst oder irgendwelcher dritter Personen. Welche Sicherungen verhindern aber die falsche Abgabe derartiger eidesstattlicher Angaben? Das Ergebnis ist erstaunlich: die Rechtsordnung läßt bei Abgabe unrichtiger eidesstattlicher Versicherungen überhaupt keine Sanktion eintreten. Ganz und gar versagt vor allem der strafrechtliche Schutz. Die §§ 156, 163 StGB. treffen nur die *vor einer Behörde* abgegebenen eidesstattlichen Versicherungen. Sonstige im Rechtsverkehr abgegebene, schuldhaft unrichtige eidesstattliche Versicherungen sind straflos. § 263 StGB. fordert einen besonders ausgestalteten inneren Tatbestand, dessen Vorliegen regelmäßig alles andere als leicht zu beweisen ist. Aber auch das Zivilrecht stellt den Pfändungsgläubiger recht ungünstig. Da zwischen ihm und dem Intervenienten schuldrechtliche Beziehungen bislang nicht bestanden, stehen dem Gläubiger nur die §§ 823ff. zur Verfügung. Unter ihnen scheidet § 823 BGB. aus. Eine „Verletzung" des durch die Pfändung erlangten Pfandrechts liegt nicht vor, weil als Verletzung eines Rechts im Sinne des § 823 — nach ganz unstreitiger Auffassung — nur die Vornahme solcher Handlungen anzusehen ist, die lediglich der Rechtsträger vorzunehmen befugt ist[2]. § 823 II greift nicht Platz, weil es an einer in Betracht kommenden Schutzvorschrift fehlt. Es bleibt also nur § 826 BGB., der aber seinerseits den Fall fahrlässiger falscher Versicherung nicht deckt und den Gläubiger deshalb mit der ganzen Last des Dolusbeweises beschwert.

Daß bei den heutigen Verhältnissen innerhalb unseres Kreditverkehrs diese geringe Sicherung und das moralische Gewicht einer eidesstattlichen Versicherung allein nicht ausreichen, wird sich kaum bezweifeln lassen. Eine strafrechtliche Sicherung wird angesichts der Bedeutung, die gerade der in Frage stehende Typus eidesstattlicher Versicherungen im gegenwärtigen Wirtschaftsleben erlangt hat, nicht

---

[1] So mit Recht JONAS: a. a. O.

[2] Vgl. statt aller RGRK. § 823, Anm. 8; PLANCK-GREIFF: § 823 II 1e.

zu umgehen sein. Daß dadurch die Zahl der Bestrafungen wegen unrichtiger eidesstattlicher Versicherung steigen wird, ist natürlich nicht zu verkennen. Allein es ist ein Irrglaube, wenn man vermeint, die „Eidesseuche" durch eine Milderung der Strafen und eine Herabminderung der Zahl der strafrechtlichen Tatbestände bessern zu können. Gesunkene Moral durch einen Abbau des Strafrechts heben wollen, hieße — gleichgültig, wie man zu den Theorien über Wesen und Zweck der Strafe stehen mag — nichts anderes, als die Besserung einer Krankkeit von der Abberufung ihrer Ärzte erwarten. Daß die Bestrafung auch einer nur fahrlässig und nur im Rechtsverkehre, nicht vor einer Behörde, falsch abgegebenen eidesstattlichen Versicherung — ihre Erheblichkeit im Rechtsverkehr vorausgesetzt — der Volksüberzeugung entspricht, wird man kaum bezweifeln können. Machen sich doch selbst juristische Praktiker nicht selten garnicht klar, daß die in der Korrespondenz der Parteien abgegebenen eidesstattlichen Versicherungen den §§ 156, 163 StGB. garnicht unterfallen und also in keiner Weise höheren Wert als gewöhnliche schriftliche Erklärungen besitzen. Man wird gewiß nicht fehlgehen, wenn man auf die irrige Gleichsetzung *dieser* eidesstattlichen Versicherungen mit denen, die zur Erzielung eines Einstellungsbeschlusses abgegeben werden, einen Teil der Bedeutung zurückführt, die im heutigen Verkehr der eidesstattlichen Versicherung innerhalb der Korrespondenz beigemessen wird[1]. Die Schaffung einer strafrechtlichen Norm würde zugleich dem Zivilrecht freie Bahn für die Begründung einer wirksamen Haftung eröffnen. Denn nunmehr würde ein Schutzgesetz im Sinne des § 823 II BGB. vorliegen. § 158 StGB. würde daher folgenden Zusatz zu erhalten haben:

Der Abgabe vor einer Behörde steht die Abgabe gegenüber einem Pfändungsgläubiger gleich, wenn die Versicherung dazu benutzt wird, um den Pfändungsgläubiger zur Freigabe gepfändeter Sachen zu veranlassen.

Hierbei soll jedoch kein ausschlaggebendes Gewicht darauf gelegt werden, daß die Strafe nun gerade die gleiche sein müsse wie in dem bisherigen § 156. Es läßt sich sehr wohl die Meinung vertreten, daß die Abgabe vor einer Behörde eine strengere Sanktion als diejenige im gewöhnlichen Rechtsverkehr nach sich ziehen müsse, obwohl eine solche Abstufung des Strafrahmens mit Rücksicht auf die moralische Seite der eidesstattlichen Versicherung auch wiederum ihr Bedenkliches hat. Bedeutsamer erscheint uns dagegen, daß die Norm insoweit die Fassung unseres Vorschlages beibehalten muß, als die Benutzung der Ver-

---

[1] Der Anwalt des Gläubigers wird kaum jemals auf eine bloße schriftliche Erklärung eines Dritten, er habe die gepfändete Sache an den Intervenienten, nicht an den Schuldner verkauft, freigeben, obwohl die rechtlichen Sanktionen keinerlei Verstärkung erfahren, wenn der Erklärende die Richtigkeit an Eides Statt versichert.

sicherung bloße Bedingung der Strafbarkeit bleiben muß. Denn würde die Bestrafung voraussetzen, daß der Täter den „Vorsatz" oder gar die „Absicht" hatte, den Gläubiger zur Freigabe zu bewegen, so würde das zur Folge haben, daß in kurzer Zeit die „Gefälligkeitsversicherungen" mit den Gefälligkeitswechseln an praktischer Bedeutung konkurrieren könnten.

β) „Hinsichtlich des Maßes, in dem eine Glaubhaftmachung erforderlich ist, lassen sich allgemeine Regeln nicht aufstellen." Dieser Satz kehrt in fast allen Kommentaren der ZPO. wieder. Er ist de lege lata zweifellos richtig. Aber seine Folge ist, wie jeder Praktiker weiß, eine Rechtsunsicherheit, die innerhalb des geltenden Rechts ihresgleichen sucht. Freilich hat die Rechtsprechung eine ganze Anzahl von Leitsätzen zur Ausbildung gebracht, die den Beweiswert der einzelnen Beweismittel klarstellt. Allein die dergestalt von den einzelnen Oberlandesgerichten aufgestellten Grundsätze sind fast durchweg nicht unwidersprochen geblieben und haben in der Praxis der unteren Gerichte in außerordentlich weitem Umfange keine Anerkennung gefunden. Jeder Praktiker weiß, wie stark sich viele — auch großstädtische — Amtsgerichte namentlich weigern, der bekannten kammergerichtlichen Rechtsprechung Folge zu leisten, nach der die eidesstattliche Versicherung des Schuldners, seiner Angehörigen oder des Intervenienten keine ausreichende Glaubhaftmachung darstellt[1]. Die scheinbare Einheitlichkeit innerhalb der Entscheidungen der höheren Instanzen ergibt hier in keiner Weise ein zureichendes Bild von der Lage in der Praxis. Der Gedanke, daß auch der Private genötigt sein müsse, eidesstattliche Versicherungen zunächst für richtig zu halten, besitzt noch immer für viele Amtsgerichte hinreichende Überzeugungskraft. Der betroffene Gläubiger andererseits vermag sich nur in den wenigsten Fällen an die nächsthöhere Instanz zu wenden, weil einer Anfechtung der Kostenentscheidung § 99 I oder § 567 II ZPO. entgegensteht.

Es erscheint darum erforderlich, die wichtigsten Grundsätze der Rechtsprechung in das Gesetz zu übernehmen. Ein anderer Weg, der Rechtsunsicherheit auf diesem Gebiete zu steuern, ist nicht ersichtlich. Natürlich haben gesetzliche Beweisregeln immer etwas Mißliches. Aber es gilt hier nur, zwischen zwei Übeln zu wählen. Als das größere unter ihnen erscheint jedenfalls der jetzige Zustand, der in *jedem* Einzelfall zur Rechtsunsicherheit führt, während die gesetzlichen Beweisregeln höchstens in *einigen* Fällen zu Härten führen können. Im übrigen darf nicht übersehen werden, daß die hier vorzuschlagenden Beweisregeln Bedeutung ausschließlich für die Kostenfrage erhalten. Es handelt sich

---

[1] Vgl. KG. i. OLGR. **17**, 113; JW. **1925**, 2340; KGBl. **10**, 73; **13**, 24. Weitere Nachweise bei STEIN-JONAS: zu § 93, Anm. 109a u. 109b, zustimmend neben anderen auch BAUMBACH: § 93, 2B.

also in gar keiner Weise um eine Rückkehr zu dem Beweisrecht des gemeinen Prozesses.

Ganz unmöglich ist es selbstverständlich, mehr als einzelne Richtnormen zu geben, neben denen der Grundsatz der freien Beurteilung nach der Verkehrssitte bestehen bleiben muß. Angesichts der Tatsache des typisch gleichen, sich immer von neuem wiederholenden Charakters der hierher gehörigen Fälle ist auch nicht mehr als eine gesetzliche Festlegung dieser wenigen einzelnen von der Rechtsprechung überwiegend anerkannten Grundsätze vonnöten. Es wäre müßig, die Frage zu erörtern, ob wirtschaftliche Bedürfnisse in Zukunft nicht noch weitere Regeln erforderlich machen werden. Denn wenn das der Fall sein sollte, so wird es keine Schwierigkeiten bereiten dürfen, diesen künftigen Bedürfnissen zu entsprechen. Eine Gesetzgebung, wie sie dem hier verfochtenen Prinzip der Spezialisierung auf wirtschaftlich typische Lebensgestaltungen entspricht, bedarf naturgemäß einer gewissen Elastizität. Man wird nicht bezweifeln können, daß die erforderliche Rechtssicherheit bei fortlaufenden Gesetzesergänzungen erheblich besser gewährleistet werden würde als in der gegenwärtigen Situation, in der lange Epochen des Schwankens und des Ergehens einander widersprechender Erkenntnisse nicht vermieden werden können.

Es wird darum vorgeschlagen, den § 93 durch Hinzufügung folgender Absätze zu ergänzen:

Im Falle des § 771 liegt eine Veranlassung zur Klageerhebung nur dann vor, wenn der Beklagte die Aufhebung der Pfändung nicht bewilligt, obwohl ihm das Bestehen des Rechts des Dritten glaubhaft gemacht worden ist. Zur Glaubhaftmachung im Sinne dieser Vorschrift genügen eidesstattliche Versicherungen des Schuldners, des Intervenienten oder von deren Verwandten nicht. Beruht das Recht des Dritten auf einer Sicherungsübereignung oder einem Eigentumsvorbehalt, so ist zur Glaubhaftmachung die Vorlegung der Urschrift des Vertrages oder einer Abschrift erforderlich, deren Richtigkeit glaubhaft gemacht wird.

Als Verwandte im Sinne des vorangehenden Abschnitts gelten alle Personen, die zu dem Schuldner oder dem Dritten in einem Verhältnis der im § 31 Ziff. 2 KO. bezeichneten Art stehen.

Die vorgeschlagene Vorschrift des Abs. II Satz 2 wird durch die gleichfalls in Vorschlag gebrachte Ergänzung des § 771 keineswegs überflüssig. Dort handelt es sich um die Beschaffung einer Entscheidungsgrundlage für das Gericht, hier um diejenige einer solchen für den Gläubiger. Der übrige Teil des Vorschlages entspricht vollständig den Grundsätzen der kammergerichtlichen Rechtsprechung.

Der Ausschluß eidesstattlicher Versicherungen des Schuldners, des Intervenienten und seiner Angehörigen als Mittel der Glaubhaftmachung empfiehlt sich schon deshalb, weil damit in einer sehr großen Anzahl von Fällen der Anlaß zur Abgabe einer solchen Versicherung fortfallen wird. Das wird nicht nur zu einer Einschränkung der Interventionen, sondern auch dazu führen, daß die Gefahr einer Vergrößerung der „Eidesseuche", die man mit Rücksicht auf die hier vorgeschlagene Ergänzung des § 158 StGB. befürchten könnte, zu einem sehr wesentlichen Teil gebannt werden wird.

Man könnte vielleicht zweifeln, ob es nicht erforderlich sei, noch weiter zu gehen. Einer der häufigsten Übelstände ergibt sich in der Praxis dadurch, daß bei Interventionen seitens des Ehegatten des Schuldners eine Widerlegung der Vermutung des § 1362 BGB. sehr häufig schon dann angenommen wird, wenn beide Ehegatten an Eides Statt versichert haben, daß der intervenierende Ehegatte Eigentümer sei. Praktiker aus Anwaltskreisen vertreten nicht selten die Auffassung, es entspreche der wirtschaftlichen Lebensgemeinschaft beider Ehegatten, daß die Vermutung des § 1362 BGB. zu einer praesumptio iuris et de iure erhoben werde, und daß jeder der Ehegatten, wie er den Genuß aus dem Erwerb des anderen Teiles trage, so auch an seinen Verlusten teilhaben und für seine Verpflichtungen einstehen müsse. Dieser Gedanke, die Lebensgemeinschaft der Ehegatten zu einer Risikogemeinschaft zu erheben, ist beachtenswerter, als es auf den ersten Blick erscheinen mag. Es wird sich kaum bezweifeln lassen, daß er dem Rechtsempfinden weitester Kreise in stärkerem Maße als die gegenwärtige Regelung entspricht. Aber seine Durchführung kann nicht Sache des Prozeßrechts sein und nicht auf dem Schleichwege über die Regelung einer Kostenfrage erfolgen. Zudem aber wird gerade diese Frage bei Durchführung der hier vorgeschlagenen Regelung in den meisten Fällen zu einer befriedigenden Lösung gebracht werden können. Denn daß die Glaubhaftmachung des Rechts lediglich durch eidesstattliche Versicherungen von Angehörigen erfolgt, liegt nunmehr außerhalb des Bereiches der Möglichkeit.

b) Noch größere rechtliche Schwierigkeiten als die Frage der Glaubhaftmachung hat der Praxis die Auslegung der Worte „sofort anerkennt" im § 93 bereitet. Die Zusammenstellung von Rechtsprechung und Literatur bei Stein-Jonas, namentlich aber in der Arbeit von *Fraustädter*[1] zeigt, daß die Mehrheit in Rechtsprechung und Schrifttum noch immer an der Meinung festhält, daß grundsätzlich das Anerkenntnis bereits im ersten Termin erklärt worden sein muß. Allerdings kann auch die freiere Auffassung, die das Anerkenntnis im Verlaufe des Prozesses genügen läßt, wenn vorher keine genügende Glaubhaftmachung erfolgt ist, eine Reihe von Entscheidungen zu ihren Gunsten buchen. Allein es scheint fast, als wenn in neuerer Zeit die strengere Meinung

---

[1] a. a. O., S. 6f. u. 24ff.

ihr Übergewicht innerhalb der Rechtsprechung der Oberlandesgerichte zu verstärken beginnen wollte[1]. Trotz der bekannten Stellungnahme der Berliner Prozeßrichter[2] zeigt ferner auch eine Beobachtung der amtsgerichtlichen Praxis, daß diese sich ganz überwiegend der strengeren Lehre anschließt — nicht zuletzt wohl unter dem Einflusse des STEINschen Kommentars. Auf die dogmatischen Argumente für und wider — HEINSHEIMER hat in bezug auf sie von einer „hoffnungslosen Kontroverse" gesprochen[3] — ist hier nicht einzugehen. Um so wesentlicher ist es, sich die rechtspolitischen Gründe klarzumachen, die zugunsten einer jeden von beiden Lösungen sprechen.

Für die herrschende Lehre hat man in der Hauptsache zwei nicht ausschließlich dogmatisch bestimmte Erwägungen ins Feld geführt. Man hat darauf hingewiesen, daß der Zweck des § 93 eben eine Verminderung der Rechtsstreitigkeiten sei und hat daraus den Schluß gezogen, daß es bei der bisherigen Regelung verbleiben müsse, weil nur sie eine materielle Inanspruchnahme des Prozeßgerichts verhindere[4]. Man hat weiter geltend gemacht, daß nur die strengere Lehre das Interesse an der Rechtssicherheit hinreichend wahre, weil nur sie dem Gericht eine völlig eindeutig bestimmte Stellungnahme ermöglichte[5].

Dieser letzteren Erwägung kann nicht beigetreten werden. Es bedeutet keine Rechtssicherheit für den Beklagten, wenn er sich nicht darauf verlassen kann, daß der Anspruch seines Gegners ihm erst glaubhaft gemacht werden muß, ehe ihm das Risiko der Kostenlast zufällt. Und es stellt das gerade Gegenteil von Rechtssicherheit dar, wenn der Kläger den unschlüssigen Beklagten durch den reinen Formalakt der Klageerhebung kostenrechtlich ins Hintertreffen bringen kann.

Beachtlicher erscheint dagegen der erste Grund. Nur fragt es sich eben, ob er allein hinreichen kann, die Regelung der strengen Auffassung de lege ferenda zu rechtfertigen. Man wird die Frage für die Gesamtheit der überhaupt möglichen Zivilprozesse vielleicht bejahen können. Aber für die Widerspruchsprozesse müssen die bedeutsamen Gesichtspunkte Berücksichtigung finden, die eine Ausnahme von der im allgemeinen wohl befriedigenden Lösung gerade hier sehr wohl zu rechtfertigen vermögen. Auf einen von diesen Gesichtspunkten ist bereits im Schrifttum hingewiesen worden[6]. Er besteht darin, daß das

---

[1] Gegen sie haben sich in neuerer Zeit u. a. ausgesprochen: KG. in KGBl. **1926**, 50 und JW. **1926**, 2460; OLG. München, ZZP. **54**, 328 und **53**, 437, sowie LZ. **1928**, 1112 u. ö.; OLG. Breslau, JW. **1928**, 1733; OLG. Kiel, JW. **1926**, 268; LG. III Berlin, JW. **1928**, 1886; aus dem Schrifttum vgl. HEINSHEIMER: **1928**, 2372; HAGEMANN: ZZP. **54**, 329; BAUMBACH: § 93, Anm. 3 A.

[2] JW. **1924**, 770. [3] a. a. O. [4] So KLEINFELLER: JW. **1923**, 58.

[5] So HAGEMANN: a. a. O. und OLG. München, ZZP. **54**, 328.

[6] SCHMIDT-ERNSTHAUSEN: ZZP. **53**, 438.

den Anlaß zum Rechtsstreit gebende Verhalten des Beklagten sich hier ausschließlich darin erschöpft, einen Akt der Staatsgewalt, der in der Form, in der er erfolgt ist, lediglich auf Grund einer ausdrücklichen gesetzlichen Anordnung erfolgen konnte, für voll wirksam zu halten. Man tut dem Beklagten Unrecht, wenn man glaubt, diesem Gesichtspunkt schon dadurch zur Genüge Rechnung getragen zu haben, daß man ein klageveranlassendes Verhalten erst dann annimmt, wenn dem Beklagten das Recht des Dritten glaubhaft gemacht war. Denn diese günstige Beurteilung hat praktische Bedeutung eben erst dann, wenn man dem Beklagten die Möglichkeit gibt, die Glaubhaftmachung noch innerhalb des Prozesses abzuwarten. Es mag richtig sein, daß diese Betrachtung dogmatisch nicht zulässig ist, weil sie die Grenzen zwischen den beiden Erfordernissen des § 93 verwischt. Aber für die rechtspolitische Erörterung kann nur diese Sehweise die richtige sein, weil nur sie der tatsächlichen Auswirkung wirklich gerecht wird, da beim Fortfall *einer* Voraussetzung eben die ganze Bestimmung außer Anwendung bleiben muß.

Dazu aber kommt noch eine weitere Erwägung. § 93 beruht auf dem Gedanken, daß, wer Beklagter, also an einer Rechtsangelegenheit unmittelbar beteiligt ist, typischerweise hinreichende Kenntnis von den tatsächlichen Grundlagen des gegen ihn gerichteten Anspruches besitzt, um die Frage nach den Aussichten des Rechtsstreites — mindestens bei Heranziehung eines rechtskundigen Beraters — zutreffend beurteilen zu können. Der Gesetzgeber kann ihm deshalb die Entscheidung über Anerkennung oder Bestreiten des gegnerischen Anspruches schon am Beginne des Rechtsstreites zumuten. Daß in vielen Fällen die Schwierigkeit der Sach- oder Rechtslage einer erfolgversprechenden Prüfung der Aussichten des Rechtsstreits entgegensteht, bildet keinen Gegengrund, weil es für den Gesetzgeber ausschließlich auf die typische Gestaltung der Verhältnisse ankommen kann. Gerade diese typenmäßige Betrachtungsweise entrollt aber bei den Interventionsprozessen ein ganz anderes Bild. Typischerweise weiß der Pfändungsgläubiger mit den persönlichen Verhältnissen des Schuldners nicht hinreichend Bescheid, um die Aussichten seines Bestreitens zutreffend abschätzen zu können. Gerade darum bedarf es ja der Glaubhaftmachung des gegnerischen Anspruchs. Dem entspricht es, wenn man jedes Anerkenntnis als im Kosteninteresse nutzbringend ansieht, das „sofort" nach der Glaubhaftmachung erfolgt ist.

Diese Regelung bedeutet nicht etwa eine unbillige Belastung des Intervenienten. Um ihre für ihn nachteiligen Folgen abzuwehren, braucht er ja nur sobald als möglich sein Recht glaubhaft zu machen. Im Gegenteil dürfte sie einen heilsamen Druck im Sinne einer möglichst baldigen Verständigung mit dem Pfändungsgläubiger ausüben und dadurch manchem Rechtsstreit mit Erfolg vorbeugen.

Dem § 93 ZPO. wird deshalb noch folgender Abs. IV hinzuzufügen sein:

Im Falle des § 771 hat auch das im Verlaufe des Rechtsstreites erfolgte Anerkenntnis die in Abs. I vorgesehene Wirkung, wenn es sofort nach der Glaubhaftmachung des Klageanspruches erfolgt ist.

c) Schwierigkeiten hat der Praxis ferner auch die Frage bereitet, welche Kostenentscheidung bei Erledigung der Hauptsache vor der ersten mündlichen Verhandlung zu treffen ist. Allein diese Schwierigkeiten sind in einer den Ansprüchen der Billigkeit durchaus entsprechenden Weise behoben worden, bieten also zu einem gesetzgeberischen Eingriff keinen Anlaß.

Zu erwägen bleibt dagegen, inwieweit es sich empfiehlt, einen Gedanken zu übernehmen, den das französische, belgische und italienische Recht verwirklicht haben: die Auferlegung einer Schadensersatzpflicht an den unterlegenen Interventionskläger. Es kann keinem Zweifel unterliegen, daß die Statuierung einer solchen Ersatzpflicht, die einen neuen Fall der Gefährdungshaftung darstellen würde, eine erhebliche Eindämmung der Zahl der Interventionsklagen zur Folge haben würde. Dennoch erscheint uns ihre Einführung nicht als sonderlich empfehlenswert. Dies freilich nicht deshalb, weil eine solche Pflicht materiell unbillig wäre, sondern deshalb, weil uns scheint, daß die Gestaltung des französischen und italienischen Rechts zu einer Verzögerung des Rechtsstreites führen könnte, die wenig wünschenswert sein würde. Denn wenn nicht gerade von der Möglichkeit, ein Teilurteil zu erlassen, Gebrauch gemacht würde, würde die Entscheidung gegen den Interventionskläger immer voraussetzen, daß der Umfang des Schadens, der dem Beklagten entstanden ist, festgestellt worden ist. Es dürfte vorteilhafter sein, die Frage des Schadensersatzes einem neuen selbständigen Prozesse zu überlassen. Inwieweit man dabei dem Interventionskläger eine Schadensersatzpflicht ohne Rücksicht auf das Verschulden auferlegen will, ist eine Frage des materiellen Rechts, auf die an dieser Stelle lediglich hingewiesen werden soll.

Immerhin scheint uns jene Regelung in *einer* Beziehung wert, auch im deutschen Rechte zur Durchführung gebracht zu werden. Es ist bisher allzu wenig beachtet worden, daß die Erhebung *jeder* Interventionsklage, die sich auf bewegliche Sachen bezieht, dem Schuldner oder dem Pfändungsgläubiger einen gewissen Schaden *mit Notwendigkeit* verursachen muß. Jede Interventionsklage fordert eine Einstellung der Zwangsvollstreckung. Diese aber ist nach der Gebührenordnung für die Gerichtsvollzieher gebührenpflichtig[1]. Nicht unbedeutend sind auch die Kosten, die regelmäßig durch die Notwendigkeit der Vergütung

[1] Entweder gemäß § 6 oder gemäß § 7 III u. IV.

der entstandenen baren Auslagen des Gerichtsvollziehers entstehen (§ 16 GebO.). Namentlich die Insertions- und Transportkosten bilden bei kleinen Objekten nicht selten eine erhebliche Belastung der Beteiligten. Beteiligt aber sind nach der bisherigen Regelung lediglich Gläubiger und Schuldner. Nach § 22 der GebO. für Gerichtsvollzieher ist prinzipiell der Gläubiger Schuldner der Gebühren und Auslagen des Gerichtsvollziehers. Dieser Grundsatz erfährt indessen eine Abschwächung durch § 788 ZPO., der die Beitreibung der notwendigen Vollstreckungskosten vom Schuldner verlangt, so daß die Haftung des Gläubigers zu einer nur subsidiären herabsinkt. Daß dessenungeachtet der Gläubiger in einer sehr großen Anzahl von Fällen die Kosten tragen muß, weil sich beim Schuldner nicht genug Pfändbares vorfand, dürfte allgemein bekannt sein.

Diese Gestaltung der Dinge erscheint unbefriedigend. Der Billigkeit entspräche es, wenn die durch die Intervention entstandenen Mehrkosten bei Fruchtlosigkeit der Intervention vom Intervenienten getragen würden. Gegenwärtig ließe sich eine Haftung des Intervenienten höchstens aus § 826 BGB. herleiten. Es erscheint daher als empfehlenswert, durch eine in die Prozeßordnung einzustellende Vorschrift eine Gefährdungshaftung des Intervenienten für die durch die Intervention begründeten Mehrkosten der Vollstreckung zu begründen. Man muß dabei beachten, daß es sich hierbei keineswegs um eine Ausnahme von dem Grundsatze casum sentit dominus handelt. Denn daß diese Kosten entstehen, ist ja gerade kein casus, sondern mit Notwendigkeit in der gesetzlichen Regelung der Gebühren der Vollstreckungsbeamten begründet.

Es wird demnach vorgeschlagen, folgenden Abs. V des § 91 ZPO. zu schaffen:

Im Falle des § 771 sind dem Kläger, wenn die Klage abgewiesen wird, auch die Mehrkosten der Vollstreckung aufzuerlegen, die durch die Widerspruchsklage entstanden sind.

Dabei wird es freilich notwendig sein zu verhüten, daß die Pfändungsgläubiger nicht aus Bequemlichkeit zunächst doch versuchen, die Mehrkosten vom Schuldner einzuziehen. Es wird daher vorgeschlagen, den § 788 ZPO. durch folgenden Abs. III zu ergänzen:

Die Mehrkosten der Zwangsvollstreckung, die durch die Erhebung einer Klage aus § 771 entstanden sind und gemäß § 91 Abs. V dem Kläger auferlegt worden waren, dürfen vom Schuldner nur dann beigetrieben werden, wenn die Vollstreckung gegen den Widerspruchskläger erfolglos geblieben ist oder ihr Versuch keine begründete Aussicht auf Erfolg verspricht.

Der Nachweis fruchtloser Vollstreckung soll nicht gefordert werden, um in aussichtslosen Fällen nicht Maßnahmen zu veranlassen, die überflüssige Kosten verursachen. Für die Innehaltung der dem freien

Ermessen des Gerichtsvollziehers gezogenen Grenzen ist durch die richterliche Dienstaufsicht und die Möglichkeit der Erinnerung aus § 766 zur Genüge gesorgt. Ein Anreiz für den Gläubiger, für eine Vollstreckung bei dem Intervenienten überall da zu sorgen, wo sie Erfolg verspricht, ist zudem auch dadurch gegeben, daß der Gläubiger stets subsidiär für die Kosten haftet.

Für den Fall des Obsiegens des Intervenienten bedarf es keiner besonderen Regelung. Hier sorgt die Vorschrift, die dem Gläubiger nur Ersatz der *notwendigen* Kosten der Vollstreckung gewährt, dafür, daß dem Schuldner nicht Lasten auferlegt werden, deren Entstehung lediglich der Hartnäckigkeit des Gläubigers zuzuschreiben ist.

8. Man wird die Zeitersparnisse und die Verminderung der Zahl der Prozesse, die durch die bisher hier vorgeschlagenen Maßnahmen bewirkt werden können, nicht unterschätzen dürfen. Sie werden sich keinesfalls nur in Ausnahmefällen fühlbar machen. Daß sie aber eine radikale Beschleunigung bringen können, darf nicht erwartet werden. Eine solche Beschleunigung jedoch läßt sich durch Eingriffe in das Verfahren im ersten Rechtszuge überhaupt nicht oder doch nur in verhältnismäßig bescheidenem Umfange erzielen. Dazu ist die Beschreitung eines anderen Weges vonnöten. Nicht deshalb schleppen sich unsere Prozesse allzu lange hin, weil zu lange prozessiert wird, sondern deshalb, weil während des Laufes eines jeden Verfahrens allzu lange *nicht* prozessiert wird. Keine wirklich erfolgreiche Prozeßreform ist denkbar, solange es nicht gelingt, diesen zeitlichen Leerlauf, diese toten Stellen innerhalb unseres Verfahrens zu vermindern. Man kann sagen, daß gegenwärtig die Überzeugung Allgemeingut geworden ist, daß eine wesentlich stärkere Beschleunigung in gewissem Umfange schon unter der gegenwärtigen Prozeßordnung möglich wäre. Es ist bekannt, daß — namentlich beim Amtsgericht und im landgerichtlichen Verfahren vor dem Einzelrichter — sehr vielfach Vertagungen aus bloßem Mangel an Entschlußkraft erfolgen und sehr vielfach überflüssige Beweise nur deshalb erhoben werden, weil die endgültige rechtliche Durcharbeitung auf eine spätere Zeit aufgeschoben werden soll. Ja, ein von preußischen Praktikern viel benutztes Handbuch für die Prozeßpraxis gibt sogar ausdrücklich Anweisung zur Erhebung auch überflüssiger Beweise in der Berufungsinstanz, weil diese dem Revisionsrichter vielleicht nicht als überflüssig erscheinen könnten. Dazu kommt, daß seitens der Amtsgerichte beinahe regelmäßig von der Befugnis zur Anberaumung eines besonderen Termines zur Verkündung von Urteilen (§ 310 ZPO.) und Beschlüssen (§ 329 ZPO.) Gebrauch gemacht und dadurch eine weitere unnütze Verschleppung der Sachen herbeigeführt wird. Seit der bekannten Arbeit LEVINS über die richterliche Prozeßleitung bezweifelt kaum jemand, daß diesen Mißständen, deren ständige

Vergrößerung im Laufe der letzten Jahre allzu augenfällig ist, um übersehen werden zu können, nur durch Selbstbesinnung aller Beteiligten abgeholfen werden kann. Aufgabe der Justizverwaltung wird es hierbei insbesondere sein müssen, die allzu häufigen Dezernatswechsel auf das Mindestmaß, das allein wirklich erforderlich ist, herabzudrücken. Wenn irgendwo, ist in diesen Fragen der Satz men not measures richtig.

Dennoch gibt es auch hier eine Stelle, an der gesetzgeberische Maßnahmen helfend einsetzen können. Es sind die Lücken, welche *zwischen den einzelnen Instanzen* bestehen. In Anbetracht der Schnelligkeit, mit der im heutigen Wirtschaftsleben Veränderungen von einschneidendster Bedeutung erfolgen und Transaktionen von größtem Ausmaße vorgenommen werden, kann man diese Lücken nicht anders denn als ungeheuerlich bezeichnen. Beträgt doch in der Praxis der Zeitraum zwischen der letzten mündlichen Verhandlung in der ersten und dem ersten Termin in der Berufungsinstanz regelmäßig mindestens 4 Monate, oft ein halbes Jahr. An dieser geradezu schrecklichen Ziffer trägt gewiß die mangelhafte Besetzung der gerichtlichen Kanzleien und die Überlastung der Abteilungen ihr gerüttelt Maß an Schuld. Aber auch der Gesetzgeber ist von dieser Schuld nicht völlig freizusprechen. Denn ein erheblicher Teil dieser Zeit geht durch nichts anderes als dadurch verloren, daß Fristen und Förmlichkeiten beobachtet werden müssen, die der Gesetzgeber selbst vorgeschrieben hat. Allein eine Woche beträgt regelmäßig schon der Verlust, der durch die Ansetzung des besonderen Verkündungstermins eintritt. Eine zweite Woche beansprucht die Abfassung des Urteils (§ 315). Für die Erteilung der Ausfertigung und die Zustellung wird mindestens eine weitere, also die dritte Woche, benötigt. Nunmehr hat der Berufungskläger vier ganze Wochen Zeit, bis er die Berufung einlegen muß. Selbst dann aber braucht er sie noch nicht einmal zu begründen oder auch nur zu sagen, inwieweit er das Urteil anficht. Denn dazu vergönnt ihm das Gesetz einen weiteren Monat, vor dessen Ablauf kein vorsichtiger Vorsitzender den ersten Termin ansetzen wird, zumal ja auch noch die Frist zur Einzahlung der Prozeßgebühr für die Berufungsinstanz (§ 519 V ZPO.) abgewartet werden muß. Ein ganzes Vierteljahr verstreicht also gewissermaßen unter dem Segen der ZPO.

Es ist kennzeichnend für den Geist der SCHIFFERschen Reformvorschläge, daß SCHIFFER die Möglichkeit, hier zu kürzen, nicht sieht und statt dessen eine Beschneidung des Instanzenzuges ins Auge faßt[1]. Indessen: keine Amputation ist berechtigt, solange noch geringere Eingriffe Aussicht auf Erfolg zu bieten vermögen. Diese Aussicht ist durchaus noch nicht geschwunden. Im Auslande sind die Fristen für

---

[1] Auch PHILIPPI: Judicium I, S. 103ff., denkt hieran nicht.

die Einlegung der Berufung vielfach erheblich kürzer. So beträgt z. B. im schweizerischen Recht die Frist zu Berufung und Rekurs an das Bundesgericht nur 20 Tage[1]. Im schwedischen und finnischen Recht muß das Wad binnen einer Woche seit der Fällung des Urteils eingelegt werden[2]. Die österreichische ZPO. (§ 464 I) gewährt eine Berufungsfrist von zwei Wochen, die sich für Wechsel- und Bestandsachen auf acht Tage verkürzt (§ 555 Ziff. 2, § 575 Abs. I). Nach bulgarischem Recht besteht die Monatsfrist zur Appellationsanmeldung nur für den gewöhnlichen Prozeß. Im abgekürzten Verfahren und in Handelsprozessen muß dagegen die Appellation binnen zwei Wochen eingelegt werden (Art. 667 ZPO.). Das spanische Recht (ley de enjuiciamiento Art. 382) geht — wenigstens im grundsätzlichen — von einer Fünftagefrist aus. Der Code de procédure civile kennt zwar die extrem lange Berufungsfrist von zwei Monaten[3], die bei Urteilen der Friedensrichter und der Handelsgerichte sogar auf drei Monate verlängert wird (Art. 443 und 14 Cod. pr. c.). Aber dafür ist der Appel selbst stark beschnitten, und verschiedene Gesetze haben für eine Reihe von Sonderfällen kürzere Berufungsfristen vorgesehen. In Japan ist die Monatsfrist, die nach dem Vorbilde des deutschen Prozeßrechts galt, gelegentlich der Reform von 1926 auf eine Zweiwochenfrist herabgesetzt worden (vgl. Art. 366 der neuen gegen § 400 der alten ZPO.)[4]. Die Möglichkeit, an dieser Stelle Kürzungen vorzunehmen, wird sich also kaum mit Fug bestreiten lassen.

Berechtigt könnte höchstens der Einwand erscheinen, daß in einer ganzen Reihe von Fällen die jetzige Bemessung der Berufungsfrist sich als durchaus angemessen, ja gelegentlich noch als zu knapp erwiesen habe, so daß von der Befugnis zur Verlängerung der Berufungsbegründungsfrist habe Gebrauch gemacht werden müssen. Allein einen durchschlagenden Grund würde diese Erwägung immer nur dann bedeuten, wenn hier beabsichtigt werden würde, eine Herabsetzung der Berufungsfrist schlechthin vorzuschlagen. Das trifft indessen nicht zu. Es soll durchaus bei dem bisherigen Zustand, der den Parteien für schwierige Sachen eine lange Überlegungsfrist und den Anwälten der zweiten Instanz die Möglichkeit ruhigen Arbeitens verbürgt, verbleiben, zumal die jetzige Regelung vielleicht auch die Einlegung mancher unbegründeten Berufung verhindert. Das hindert indessen nicht, daß eine Sonderregelung für die besonders einfach liegenden Fälle, zu denen

---

[1] Heusler: Zivilprozeß der Schweiz, S. 170.

[2] v. Wrede: Zivilprozeßrecht Schwedens und Finnlands, S. 274.

[3] In Italien ist diese Frist durch Art. 4 des Gesetzes vom 15. September 1922 auf 30 Tage herabgesetzt worden.

[4] Vgl. oben Anm. 20. Eine deutsche Übersetzung der früheren Fassung erschien 1921 von Karl Vogt (Yokohama).

außer den den Gegenstand dieser Arbeit bildenden auch noch manche andere Prozeßtypen gehören dürften, als durchaus möglich und empfehlenswert erscheinen kann.

Bekanntlich haben sich die so viel kürzeren Fristen im arbeitsgerichtlichen Verfahren vollauf bewährt[1]. Man kann einwenden, daß, was für den Arbeitsprozeß gelte, für den allgemeinen Prozeß noch nicht zuzutreffen brauche, weil es sich im Arbeitsprozeß um tatsächlich leicht überschaubare und rechtlich meistens nicht allzu verwickelte Fragen handele. Allein genau das gleiche trifft auch in manchen dem ordentlichen Prozeß zugewiesenen Fällen zu. Man denke nur z. B. an die stets gleichliegenden Unterhalts- und zahlreichen Anfechtungssachen. Für die Interventionssachen kann freilich die Eigenschaft besonderer Einfachheit in rechtlicher oder tatsächlicher Beziehung nicht in Anspruch genommen werden. Aber schließlich handelt es sich doch letzten Endes immer um eine verhältnismäßig kleine Anzahl von Rechtssätzen, die zudem in Schrifttum und Rechtsprechung bereits in sehr weitgehendem Maße durchgearbeitet worden sind. Erwägt man, daß ein Beschleunigungsbedürfnis von der besonderen Dringlichkeit, wie es hier besteht, sich anderwärts kaum irgendwo findet, so wird man besondere beschleunigende Maßnahmen für die Gruppe der Interventionsprozesse, die in den folgenden Erörterungen grundsätzlich allein ins Auge gefaßt werden sollen, kaum ungerechtfertigt finden können.

a) Allerdings gilt es, nicht erst bei der Berufungsfrist selbst einzusetzen. Bis zum Beginne ihres Laufes kann bereits kostbare Zeit verstrichen sein. Denn die ZPO. hat hier in zwiefacher Hinsicht die Möglichkeit gewährt, unnötige Verschleppungen zu veranlassen.

α) Die eine dieser Möglichkeiten ist die ausnahmslose Zulässigkeit der Ansetzung eines besonderen Verkündungstermins. Eine gewisse Überlegungsfrist auch nach der letzten mündlichen Verhandlung ist in manchen Fällen gewiß am Platze. Wenn die letzte mündliche Verhandlung in tatsächlicher oder rechtlicher Beziehung neuen Stoff gebracht hat oder wenn sich im Kollegialgericht verschiedene Meinungen bilden, kann es von Vorteil sein, sich nicht auf der Stelle über oft zahlreiche und schwierige Fragen schlüssig zu werden. In der Praxis aber, und zwar namentlich bei den großstädtischen Amtsgerichten, hat sich der Brauch eingebürgert, daß einer *jeden* wichtigeren Entscheidung, mindestens aber dem Erlaß eines jeden Urteils, eine Respektsfrist von

[1] BAUM: JW. **1928**, 269, ist freilich anderer Meinung; er führt aber zur Bekräftigung Gründe an, die für den Interventionsprozeß nicht zutreffen können. Arbeitsrechtliche Praktiker haben mir versichert, daß ihnen von Schwierigkeiten, die durch die Verkürzung der Rechtsmittelfristen veranlaßt worden seien, nichts bekannt geworden sei. Auch KALLEE: ArchZivPrax. **133**, 142 scheint dieser Auffassung zu sein.

acht Tagen vorangeht. Das ist ein Mißbrauch, dem auf jeden Fall gesteuert werden muß — und zwar ganz allgemein nicht bloß für bestimmte Gruppen von Prozessen. Insofern wollen die folgenden Vorschläge über den Bereich der Interventionsprozesse hinaus allgemeine Gültigkeit für sich in Anspruch nehmen.

Die Schwierigkeit besteht auch hier darin, einen Weg zu finden, der den besonders gelagerten Fällen gerecht wird, ohne dadurch an Durchschlagskraft allzu stark zu verlieren. Es geht darum nicht an, die Zulässigkeit der Anberaumung eines Verkündungstermines davon abhängig zu machen, daß in der letzten mündlichen Verhandlung in tatsächlicher oder rechtlicher Beziehung Neues vorgetragen worden ist[1]. Denn auch bei durch Dezernatswechsel verschuldeter ungenügender Vorbereitung des Richters, bei Meinungsverschiedenheiten innerhalb des Kollegiums, bei nur vertretungsweiser Verwaltung eines Dezernats kann es angemessen erscheinen, dem Richter eine gewisse Bedenkfrist zu gewähren. Die Regelung des § 60 AGG., die für die besonderen Verhältnisse dieses Verfahrens billigenswert sein mag, kann also nicht ohne weiteres in die ZPO. übernommen werden.

Es wird daher folgende Neufassung des § 310 ZPO. vorgeschlagen:

Die Verkündung des Urteils erfolgt in dem Termin, in welchem die mündliche Verhandlung geschlossen wird oder in einem sofort anzuberaumenden Termine, welcher nicht später als auf den zweiten Tag nach der letzten mündlichen Verhandlung angesetzt werden darf.

Die Ansetzung des Verkündungstermins darf auf einen Tag innerhalb der Woche, welche auf den Tag der letzten mündlichen Verhandlung folgt, erfolgen, wenn ein wichtiger Grund dies erforderlich macht. Der Grund muß in dem Beschlusse über die Ansetzung des Termins bezeichnet werden.

Es empfiehlt sich, mit Rücksicht auf unvorhergesehene und unvorhersehbare Fälle von einem erschöpfenden Katalog der Fälle, in denen die Anberaumung eines Verkündungstermines zulässig ist, Abstand zu nehmen. Das Erfordernis der Angabe des „wichtigen Grundes“ in dem Beschluß über die Terminsansetzung wird genügen, um Mißbräuche zu vermeiden. Für Fälle, in denen eine Bekanntgabe des Grundes an die Parteien nicht ratsam erscheinen kann, sucht die Anordnung in Abs. I des Vorschlages zu helfen, die einen geringfügigen Aufschub auch ohne Angabe von Gründen gestattet. Ein Mißbrauch dieses Rechtes dürfte schon deshalb nicht in Frage kommen, weil der nach diesem Vorschlage allein als Tag des Verkündungstermins in Frage kommende Tag regelmäßig nicht ordentlicher Sitzungstag sein wird. Es wird sich empfehlen, eine weitere Sicherung durch die Anordnung zu schaffen, daß, wenn von der Befugnis des § 310 II Gebrauch gemacht

[1] So z. B. Art. 627 der bulgarischen ZPO.

worden ist, die Absetzung des Urteils vor dem Verkündungstermin stattgefunden haben muß. Es wird daher vorgeschlagen, § 315 ZPO. durch Einfügung des folgenden Abs. III (der bisherige Abs. III wird Abs. IV) zu ergänzen:

Im Falle des § 310 Abs. II ist das Urteil vor der Verkündung der Geschäftsstelle in vollständiger Abfassung zu übergehen. Satz 2—4 des vorangehenden Absatzes finden entsprechende Anwendung.

Der zweite Satz dieses Vorschlages soll wiederum der sachgemäßen Erledigung derjenigen Fälle dienen, in denen es einer besonders eingehenden Ausarbeitung eines besonders schwierigen Urteils bedarf oder in denen eine verzweifelte Geschäftslage die rechtzeitige Absetzung unmöglich macht. Da solche Fälle — man denke an Rechtsstreitigkeiten ganz großen Ausmaßes — immerhin vorkommen und der Geschäftsgang vor den ordentlichen Gerichten überhaupt wesentlich stärker als vor den Arbeitsgerichten ist, muß von einer unveränderten Herübernahme der Vorschrift des § 60 IV AGG. abgesehen werden. Um aber auch hier eine Gewähr gegen ein Überhandnehmen verspäteter Urteilsabsetzungen[1] zu geben, wird vorgeschlagen, dem Abs. II des § 315 folgenden Satz 4 anzufügen:

Der Grund der verspäteten Absetzung ist aktenkundig zu machen; der Vermerk ist von allen Richtern, welche bei der Entscheidung mitgewirkt haben, zu unterschreiben.

Infolge der Vorschrift des § 329 II würden alle diese Vorschläge automatisch auch für Beschlüsse Geltung erlangen. Um auch deren rechtzeitige Absetzung zu sichern, wird es sich jedoch empfehlen, neben den §§ 309, 310 auch die *entsprechende Anwendbarkeit des § 315 II in § 329 II anzuordnen.*

β) Eine weitere oft sehr lästige Verzögerung sowohl der Vollstreckung als des Beginnes des Laufs der Rechtsmittelfristen resultiert aus der Vorschrift des § 317 II, die die Erteilung der Ausfertigungen von der Unterschriftleistung durch die Richter abhängig macht. Die Erschwerungen, die diese Vorschrift mit sich bringt, stehen in gar keinem Verhältnis zu der Bedeutung des Nutzens, den sie erstrebt. Man könnte glauben, ihr Zweck sei, voreilige Berufungseinlegungen zu verhüten. Das ist indessen keineswegs der Fall. Denn die Berufung kann eingelegt werden, bevor das Urteil zugestellt und sobald es verkündet worden ist (vgl. § 518 II ZPO.). Die Ausfertigung selbst erfolgt grundsätzlich unter Weglassung von Tatbestand und Entscheidungsgründen (§ 317 II Satz 2). Die Vorschrift kann also lediglich den Zweck verfolgen, die Übereinstimmung der Urteilsausfertigung mit der Urschrift zu garantieren. Dieser an sich gewiß beifallswürdige Zweck ist indessen die Verzögerung von einer Woche, die die Anordnung zur Folge hat, ganz

[1] In der gegenwärtigen Praxis sind sie bekanntlich nicht ganz selten.

gewiß nicht wert. Die Abfassung des Urteilstenors innerhalb des Sitzungsprotokolls geschieht regelmäßig — schon wegen § 164 ZPO. — mit solcher Sorgfalt, daß von einer Besorgnis ernsthafter Schwierigkeiten keine Rede sein kann, wenn ganz allgemein die Erteilung der Ausfertigung lediglich auf Grund des Sitzungsprotokolls gestattet wird. Es wird demnach vorgeschlagen, in § 317 II Satz 1 die Worte „und nicht unterschrieben" zu streichen. Dadurch wird folgender Zusatz (Abs. IV des § 317) erforderlich:

Wird die Ausfertigung erteilt, bevor das Urteil unterschrieben ist, so sind unter die Urteilsformel die Namen der bei der Entscheidung mitwirkenden Richter zu setzen.

γ) Die durch die vorgeschlagenen Maßnahmen veranlaßte Beschleunigung könnte nur insofern zu Mißhelligkeiten führen, als die fernerhin vorzuschlagende Verkürzung der Berufungsfrist zu einem Ablauf dieser Frist noch vor oder kurz nach dem Zeitpunkt führen könnte, in dem die Parteien das vollständige Urteil in die Hand bekommen. Daß diese Folgerung unerfreulich ist, soll nicht geleugnet werden. Dennoch darf ihr keine so große Bedeutung zugeschrieben werden, wie man auf den ersten Blick anzunehmen geneigt sein könnte[1]. Denn wenn bereits die erste Instanz im Anwaltsprozesse verhandelt worden ist, wird die Partei über ihre Aussichten in der zweiten Instanz — schon wegen § 139 I Satz 2 ZPO. — nur in den seltensten Fällen im Zweifel sein können. Ist aber die Partei im ersten Rechtszuge nicht durch einen Anwalt vertreten gewesen, so wird eine Einsicht in die Gerichtsakten dem in der Berufungsinstanz zu bestellenden Anwalt gleichfalls fast immer die erwünschte Klarheit verschaffen können. Man muß sich damit vertraut machen, daß keine Beschleunigung, also auch keine wirklich durchgreifende Reform möglich ist, wenn man hartnäckig darauf bestehen will, daß die Lage der Parteien um kein Jota verschlechtert werden dürfe. Es gilt auch hier, die Vorteile gegen die Nachteile, die in gewissem Umfange unvermeidlich sind, mit Vorsicht abzuwägen. Daß der Vergleich zugunsten unseres Vorschlages ausfallen muß, der in *fast sämtlichen Fällen* eine Beschleunigung bringt, während Mißhelligkeiten nur *ganz ausnahmsweise* einmal begegnen können, erscheint mir kaum zweifelhaft.

Dennoch muß der Versuch gemacht werden, solchen Mißhelligkeiten nach Möglichkeit zu begegnen. Das kann durch einen Ausbau des § 311 II ZPO. geschehen. Von der hier gegebenen Möglichkeit wird bei den unteren Instanzen der großstädtischen Gerichte sehr selten Gebrauch gemacht. § 311 II 2 kann deshalb folgenden Satz 2 angefügt erhalten:

---

[1] Das französische Recht hat sich über derartige Bedenken hinweggesetzt. Vgl. NORDEN: a. a. O., S. 308.

Die Verkündung des wesentlichen Inhalts der Entscheidungsgründe muß erfolgen, wenn die schriftliche Absetzung des Urteils noch nicht erfolgt ist und eine der Parteien in dem Verkündungstermine anwesend ist.

Es erscheint nicht angebracht, die Stellung eines Antrages seitens einer der Parteien zu verlangen. Die Regelung würde dadurch für das amtsgerichtliche Verfahren an Bedeutung einbüßen. Nicht unerwünscht wäre es, wenn die Vorschrift dazu beitragen würde, die Zahl der Fälle zu vermehren, in denen die Absetzung des Urteils bereits vor dem Verkündungstermin stattgefunden hat. Überflüssig erscheint es andererseits, mit dem AGG. (§ 60) die Verkündung des Urteils in allen Fällen, in denen eine Partei anwesend ist, zu verlangen. Das würde, namentlich bei den kleineren Gerichten, vor denen ständig die gleichen Parteivertreter auftreten, zu einer beschwerlichen und nutzlosen Ausdehnung der Sitzungen führen[1].

b) Wohl aber empfiehlt sich ein Anschluß an die Regelung des AGG. hinsichtlich der Ausdehnung der Berufungs- und der Berufungsbegründungsfrist. Die Dauer von je zwei Wochen, wie sie das AGG. vorsieht, erscheint als die angemessene Mitte zwischen allzu starker Ausdehnung und einer die Güte der Rechtsprechung beeinträchtigenden allzu weitgehenden Verkürzung dieser Fristen[2]. Dazu kommt, daß eine allzu große Mannigfaltigkeit in der Wahl der im Rechtsverkehr in Betracht kommenden Fristen nicht förderlich sein kann. Es würde daher vorzuschlagen sein, dem § 516 folgenden Abs. II anzufügen:

Die Berufungsfrist verkürzt sich auf zwei Wochen, wenn mit der Klage ein Anspruch aus § 771 ZPO. oder . . . geltend gemacht wird.

Es soll dabei offenbleiben, ob und inwieweit diese Fristverkürzung auch in andern Fällen — es sei besonders an die Ansprüche auf außerehelichen Unterhalt, an Vollstreckungsgegenklagen, Aus- und Absonderungsansprüche und an ähnliche Zwangsvollstreckungen sowie an Arrestsachen erinnert — als empfehlenswert erscheinen könnte.

---

[1] Die „*schriftliche Entscheidung*" kann hier übergangen werden. Ihr Mißerfolg ist ein so starker gewesen, daß sie bei der kommenden Generalreform des Prozeßrechts hoffentlich wieder fallen wird. Sie bedarf aber auch keines gesetzlichen Eingriffes. Denn sie kann gegenwärtig nur ergehen, wenn beide Parteien einverstanden sind. Verantwortungsbewußte Anwälte pflegen deshalb ihr Einverständnis grundsätzlich zu verweigern. Man wird diese Einstellung nicht tadeln können, wenn man hört, daß bei manchen großstädtischen Gerichten zwischen dem letzten mündlichen Termin bzw. dem letzten Schriftsatzwechsel und der Absetzung der Entscheidung Zwischenräume von 4 Monaten bis zu einem halben Jahre gelegen haben.

[2] Dieser Frist hat auch die österreichische ZPO. — allerdings für sämtliche Prozesse — den Vorzug gegeben. Ebenso hat Japan sie anläßlich der Reform von 1926 eingeführt.

Was für die Berufungsfrist gilt, muß natürlich auch für die Berufungsbegründungsfrist in gleichem Umfange gelten. § 519 II würde also als Satz 3 folgenden Zusatz erhalten:

In den Fällen des § 516 II beträgt die Frist für die Berufungsbegründung zwei Wochen.

Dabei wäre vielleicht sogar zu erwägen, ob man nicht noch weiter gehen und die besondere Berufungsbegründungsfrist überhaupt streichen sollte. Man könnte die reine Formalbegründung des § 519 ZPO. sehr wohl bereits mit der Berufungseinlegung verknüpfen. Das würde zur Folge haben, daß bei der Terminsanberaumung vor den — meist erfreulich rasch arbeitenden — Berufungsgerichten auf die Begründungsfrist keine Rücksicht genommen zu werden brauchte. Irgendeine nennenswerte Erhöhung der Anforderungen an die beteiligten Anwälte würde nicht eintreten, weil es sich ja um eine reine Formalbegründung handelt und die eigentliche sachliche Berufungsrechtfertigung an keine Frist gebunden ist. Allerdings setzt die Fertigung des Berufungsantrages bereits eine sachliche Durcharbeitung des Prozeßstoffes voraus. Aber diese wird regelmäßig schon der Berufungseinlegung vorangehen, so daß sich besondere Schwierigkeiten kaum ergeben würden. Immerhin soll dieser Gedanke hier nur zur Erwägung gestellt werden.

Nicht umgehen lassen wird sich dagegen eine Einengung der dem Vorsitzenden durch § 519 VI zugestandenen Ermessensfreiheit. Die in der Praxis üblich gewordenen allzu langen Fristen zur Einzahlung des Vorschusses könnten sonst den Erfolg der vorgeschlagenen Maßregeln gefährden. Deshalb wird sich die Einfügung des folgenden Satzes 3 innerhalb des § 519 VI empfehlen:

Die Frist soll nicht später als die Frist zur Begründung der Berufung ablaufen.

Für Ausnahmefälle ist dadurch Rechnung getragen, daß dieser Vorschlag als bloße Sollvorschrift gefaßt ist.

c) Wesentlich weiter geht ein Vorschlag, der ein stark umkämpftes Gebiet betritt. Er betrifft die Frage nach der Revisibilität der Interventionssachen. Es erscheint empfehlenswert, in Interventionsprozessen die Revision gänzlich auszuschließen. Allerdings erreichen die Klagen aus § 771 ZPO. nur in verhältnismäßig wenigen Fällen die gegenwärtig gültige Revisionsgrenze von 6000 RM. Dennoch wird man den Gedanken darum nicht ohne weiteres ablehnen dürfen. Die Frage nach der Ausgestaltung der Revisionsinstanz befindet sich z. Z. bekanntlich in einer wenig erfreulichen Situation. Der Vorschlag SCHIFFERS, sie nur in Ausnahmefällen zur Wahrung der Rechtseinheit zuzulassen, ist von den meisten Seiten, und zwar mit überzeugenden Gründen[1], ab-

[1] Vgl. insbes. WALSMANN, Judicium II, 62 ff. und FERGE, Die Schiffersche Justizreform (1929), 26 f.

gelehnt worden[1]. Auf der andern Seite nötigt die ständig steigende Belastung des Reichsgerichts gebieterisch zur Ergreifung schützender Maßnahmen. Die Folge ist bekanntlich eine ständige Erhöhung der Revisionssumme gewesen. Daß dieser Weg nicht ad infinitum weiter beschritten werden kann, liegt auf der Hand; ja, man kann sogar die Frage aufwerfen, ob er nicht schon in weiterem Umfange als zuträglich beschritten worden ist. Dennoch wird man über kurz oder lang wieder versuchen und vielleicht versuchen müssen, zu einer Einschränkung der Revisionen zu gelangen. Einen wahrscheinlich aussichtsvollen Vorschlag in dieser Richtung hat PHILIPPI[1] gemacht. Ob dieser aber auf die Dauer ausreichen wird, um Abhilfe zu schaffen, erscheint fraglich. Es wird nichts anderes übrigbleiben, als typenkasuistisch einen Kreis leicht aussonderbarer Prozeßgattungen zu ermitteln, die der Revision gänzlich entzogen bleiben müßten. Bei der Bestimmung des Kreises dieser Prozesse wird besonders an diejenigen Verfahren zu denken sein, bei denen in erster Reihe tatsächliche Fragen den Ausschlag geben, oder bei denen nach den Grundsätzen der Aussagepsychologie die bei einer Revision zu erwartende Zurückverweisung notwendig ein weniger scharfes Bild des Tatbestandes ergeben müßte[2] (z. B. Verkehrsunfallprozesse, Ehe- und Unterhaltssachen usw.), sowie an die Fälle, in denen ein Bedürfnis nach besonderer Beschleunigung besteht. Zu den letzteren gehören natürlich in erster Reihe sämtliche Zwischenstreitigkeiten innerhalb der Zwangsvollstreckung — also außer den Interventionsklagen auch die Vollstreckungsgegenklagen, die Klagen wegen Widerspruchs gegen einen Teilungsplan, auf Aus- oder Absonderung im Konkurse, auf Anfechtung von Rechtshandlungen usw., also die gleichen Fälle, für die auch die Verkürzung der Berufungs- oder Berufungsbegründungsfrist in Frage kommt. Der Gedanke, daß in Fällen, in denen Eile not tut, die Revision unzulässig ist, liegt bereits der Vorschrift des § 545 II ZPO. zugrunde. Unser Vorschlag bedeutet also nur eine konsequente Fortentwicklung des geltenden Rechts. Er würde neben der Entlastung des Reichsgerichts noch den Vorteil bieten, daß er den Sachen selbst durch die Möglichkeit schnelleren Verfahrensabschlusses, der gerade hier besonders bedeutsam ist, zum Nutzen gereichen würde.

Allerdings müßte Vorsorge dafür getroffen werden, daß Fälle von grundsätzlicher Bedeutung von der Judikatur des RG. nicht ausgeschlossen bleiben und auf dem in Frage stehenden Gebiete die Rechtseinheit nicht verlorengehe. Beides könnte dadurch geschehen, daß eine Bestimmung getroffen wird, die — ähnlich dem § 72 I 1 AGG. — bei grundsätzlicher Bedeutung und — insoweit ähnlich dem § 28 II FGG. —

[1] Vgl. neuerdings PHILIPPI: a. a. O., S. 126.
[2] Vgl. das Beispiel bei PHILIPPI: a. a. O., 134f.

beim Abweichen von einer Entscheidung eines anderen OLG. die Zulassung der Revision vorsehen könnte[1].

§ 545 II ZPO. würde demnach folgende Neufassung zu erhalten haben:

Die Revision ist in folgenden Fällen nicht zulässig:

1. gegen Urteile, durch welche über die Anordnung, Abänderung und Aufhebung eines Arrestes oder einer einstweiligen Verfügung entschieden wird,

2. gegen Urteile, welche über Ansprüche aus § 771 . . . entscheiden.

3. . . . . . .

In den Fällen des vorangehenden Absatzes hat das Berufungsgericht die Revision zuzulassen, wenn der Rechtsstreit grundsätzliche Bedeutung besitzt oder die Entscheidung des Berufungsgerichts von der Entscheidung des Reichsgerichts oder eines anderen Oberlandesgerichts abgewichen ist. Die Vorschrift des §§ 546 I bleibt unberührt.

Die vorgeschlagene Fassung dürfte den Vorzug vor derjenigen des FGG. verdienen: Es erscheint für den Zivilprozeß angemessener, die Entscheidung über die Befassung des Reichsgerichts mit dem Rechtsstreit den Parteien anheimzugeben. Der Ausschluß derjenigen Sachen, die die summa revisibilis nicht erreichen, soll verhüten, daß das RG. mit einer Fülle von Streitigkeiten geringen Streitwertes befaßt wird. Sollte sich herausstellen, daß die jetzige Fassung die Rechtseinheit nicht hinreichend gewährleistet, so könnte in Erwägung gezogen werden, die Grenze für die Fälle der eingeschränkten Revisibilität zu ermäßigen.

9. Eine sehr eigentümliche Gestaltung ergibt sich bei der gegenwärtigen Ordnung des Verfahrens, wenn im Verfahren vor dem Amtsgericht das Urteil zugunsten des Intervenienten ausgefallen ist. Die Urteile des Amtsgerichts müssen nämlich nach § 709 Ziff. 4 ohne Antrag für vorläufig vollstreckbar erklärt werden. Von einer vorgängigen Sicherheitsleistung ist die vorläufige Vollstreckbarkeit grundsätzlich nicht abhängig zu machen. Dies *kann* vielmehr nach den §§ 712f. nur auf Antrag und *muß* nur dann geschehen, wenn glaubhaft gemacht wird, daß die Vollstreckung des Urteils dem Schuldner einen nicht zu ersetzenden Nachteil bringen werde. In der Praxis wird dieser Antrag selten, ja fast nie gestellt. Namentlich Parteien, die nicht durch einen Anwalt vertreten sind, werden seine Notwendigkeit kaum jemals kennen. Die Folgen dieser Unterlassung sind in überraschendem Maße verhängnisvoll. Nach § 775 Ziff. 1 ist nämlich die Zwangsvollstreckung einzustellen, wenn die Ausfertigung einer vollstreckbaren (also auch einer

---

[1] Vgl. hierzu § 26 des SCHIFFERschen Entwurfs, sowie LEVIN: DJZ. 1931, Sp. 45ff., die aber sehr viel weiter gehen, als es unser Vorschlag tut. Der Vorschlag BLOMEYERS (Sächs. RpflA. 1930, 75ff.) scheint mir die Gerichte mit einer ihnen wesensfremden Aufgabe zu belasten.

nur vorläufig vollstreckbaren!) Entscheidung vorgelegt wird, aus welcher sich ergibt, daß die Zwangsvollstreckung aus dem zu vollstreckenden Urteil für unzulässig erklärt worden ist. Nach § 776 Satz 1 sind in diesem Falle gleichzeitig die bereits erfolgten Vollstreckungsmaßregeln aufzuheben. Diese Aufhebung aber hat zur Folge, daß der Pfändungsgläubiger, wenn er nunmehr Berufung einlegt, den ursprünglichen Antrag auf Klagabweisung nicht zu stellen vermag, weil der Rechtsstreit in der Hauptsache erledigt ist. Gegenstand des Streites war ja nur *diese* Pfändung, die nunmehr rechtswirksam aufgehoben worden ist. Eine Feststellungswiderklage nach den §§ 256, 280 ZPO. würde an sich wohl zulässig sein. Sie darf jedoch in der Berufungsinstanz nur mit Einwilligung des Beklagten erhoben werden (§ 529 Abs. IV)[1]. Auch würde sie ihren Zweck kaum erreichen können, da das Feststellungsinteresse durch die — rechtlich keinem Bedenken ausgesetzte — Veräußerung der Sache an einen Dritten jederzeit erlöschen kann. Die vorläufige Vollstreckbarkeit der Entscheidung hat also groteskerweise in diesem Falle das Ende des Rechtsstreits zur Folge.

Wie ist es möglich gewesen, daß der Gesetzgeber dieses untragbare Ergebnis übersehen hat? Der Fehler liegt in der Übertreibung der Generalisierungstendenz, die eine allzu weite Fassung der §§ 775 Ziff. 1, 776 ZPO. verursacht hat. Entscheidungen, die die Zwangsvollstreckung für unzulässig erklären, ergehen bekanntlich nicht nur im Widerspruchsprozesse, sondern auch z. B. in den Fällen der §§ 732, 766, 767, 768, an die der Gesetzgeber offenbar allein gedacht hat. Er hat dabei übersehen, daß von diesen Fällen die der §§ 732, 767, 768 ganz anders als der vorliegende gelagert sind. In diesen drei Fällen handelt es sich nämlich um Einwendungen, mit denen der Schuldner geltend macht, daß aus dem dem Gläubiger zu Gebote stehenden Titel eine Vollstreckung überhaupt nicht zulässig sei. In den Fällen der §§ 766, 771 ff. steht dagegen lediglich die Zulässigkeit des einzelnen gerade vorgenommenen Vollstreckungsaktes in Frage. Das bedeutet sachlich einen Unterschied: es ist ein anderes, ob ein Gläubiger überhaupt nicht oder nur in dieser Form nicht vollstrecken darf. Nur in jenem Falle, nicht aber in diesem, läßt sich die sofortige Aufhebung der bereits getroffenen Maßregeln rechtfertigen[2].

Man könnte einwenden, daß es das Bestreben des Gesetzgebers sein müsse, eine Vollstreckungsmaßregel, die nicht habe erfolgen dürfen, so bald als möglich zu beseitigen. Dieser Gesichtspunkt könnte in der

---

[1] Stein-Jonas: zu § 280, Anm. II 4.

[2] Bezeichnend hierzu die Ausführungen bei Petersen-Remelé-Anger: zu den §§ 757 f. IV. Auch Oertmann bei Hellwig: System (§ 306, Ziff. 1 a A.) denkt zunächst nur an den Wegfall der Voraussetzungen der Zwangsvollstreckung.

Tat vielleicht eine hinreichende Rechtfertigung der für den Fall des § 766 getroffenen Regelung darstellen[1]. Für § 771 aber trifft er keinesfalls zu. Hier hat regelmäßig die Pfandverstrickung schon längere Zeit hindurch gedauert. Es kann nichts ausmachen, daß sie noch so lange dauert, bis die Entscheidung rechtskräftig geworden ist. Das Opfer, das damit dem Schuldner und dem Intervenienten auferlegt wird, ist geringfügig im Vergleich zu demjenigen, das bei der gegenwärtigen Regelung den Pfändungsgläubiger trifft, der durch die Vollstreckbarkeitserklärung einer noch nicht rechtskräftigen Entscheidung seines Rechtes gänzlich verlustig gehen soll.

Es wird deshalb vorgeschlagen, dem § 776 folgenden Abs. II anzufügen:

Im Falle des § 775 Nr. 1 unterbleibt die Aufhebung der bereits erfolgten Vollstreckungsmaßregeln, wenn die vollstreckbare Entscheidung auf eine Klage gemäß § 771 ergangen und noch nicht rechtskräftig geworden ist.

Diese Anordnung setzt freilich voraus, daß der Vollstreckungsbeamte aus der ihm vorgelegten Ausfertigung der Entscheidung erkennen kann, daß es sich um ein gemäß § 771 ergangenes Urteil handelt. Gegenwärtig fehlt es an einer Vorschrift, die es ermöglichte, diese Kenntnis allein auf Grund der Ausfertigung zu erlangen. Es wird sich daher nicht vermeiden lassen, den § 313 I durch folgende Ziff. 6 zu ergänzen:

6. In den Fällen der §§ 771—774 ZPO. den Hinweis darauf, daß es sich um einen auf diesen Vorschriften beruhenden Anspruch handelt.

Dem würde innerhalb des § 317 folgender Abs. 5 entsprechen müssen:

In den Fällen der §§ 771—774 muß die Ausfertigung den in § 313 I Ziff. 6 vorgesehenen Hinweis enthalten.

10. An ein gesetzgeberisches Eingreifen könnte man auch hinsichtlich der Gestaltung der Rechtslage *nach* durchgeführter Zwangsvollstreckung denken. Die durchaus herrschende Lehre nimmt bekanntlich an, daß der Dritte sich nunmehr noch aus § 816 BGB.[2] an den Pfändungsgläubiger halten könne. Dadurch können für diesen insofern recht erhebliche Schwierigkeiten entstehen, als er möglicherweise dem Schuldner die vollstreckbare Ausfertigung gemäß § 757 ZPO. bereits zurückgegeben haben wird. Ob die Erteilung einer neuen vollstreckbaren Ausfertigung zulässig ist, ist nicht unstreitig[3]. In der dogmatischen Debatte sind zugunsten einer andern Auffassung auch rechtspolitische Gründe angeführt worden[4]. Man hat gemeint, es entspreche der Billigkeit besser,

---

[1] Über die Mißstände, die sich dennoch auch hier ergeben, vgl. FÖRSTER-KANN: zu § 776, Anm. 3b a. E.

[2] WOLFF, M.: Festgabe für HÜBLER, S. 63ff., gewährt sogar einen Eigentumsanspruch hinsichtlich des Erlöses.

[3] Vgl. STEIN-JONAS: zu § 733, Note 6.

[4] Vgl. namentlich OERTMANN: ArchZivPrax. **96**, 51ff.

wenn man den Dritten auf einen Bereicherungsanspruch gegen den Schuldner beschränke und den Pfändungsgläubiger dadurch vor allen Weiterungen bewahre. Dem ist indessen bereits von anderer Seite[1] entgegengehalten worden, daß die Abwägung der Interessen des Gläubigers und des Intervenienten deshalb zuungunsten des ersteren ausfallen müsse, weil jedenfalls materiellrechtlich die Pfändung der fremden Sache eine Rechtswidrigkeit bedeute.

In der Tat dürfte zu einem legislatorischen Einschreiten kein Anlaß bestehen. Den Grundsatz, daß jeder „seinen Glauben dort suchen müsse, wo er ihn gelassen habe", gegenüber dem Erwerb eines Pfändungspfandrechts zur Durchführung zu bringen, würde nicht als billig erscheinen können. Es genügt, daß der Pfändungsgläubiger dem Dritten stets nur innerhalb der Grenzen des § 818 BGB. haftet. Bekennt man sich zu der Auffassung, daß der Pfändungsgläubiger, der zur Erstattung des Erlöses genötigt wurde, die Erteilung einer neuen Urteilsausfertigung beantragen kann, so sind die Schwierigkeiten, die dem Gläubiger entstehen, nicht groß genug, um eine so starke Benachteiligung, wie sie der gänzliche Fortfall des Bereicherungsanspruchs bedeuten würde, hinlänglich zu rechtfertigen[2].

11. Neuerdings hat Bauer-Mengelberg die Einführung einer Ausschlußfrist gefordert, nach deren Ablauf die Interventionsklage nicht mehr solle erhoben werden können[3]. Er geht dabei von der Erwägung aus, daß die gegenwärtige Rechtslage insofern nicht befriedige, als bei Arrestpfändungen der Gläubiger sich regelmäßig in dem Gefühle der durch die Pfändung erlangten Sicherheit beruhige. Habe er dann in dem Hauptprozesse endlich ein Urteil erstritten und damit die Möglichkeit erlangt, die Pfandstücke zu verwerten, so erscheine der Intervenient auf der Bildfläche und hindere ihn daran, während mittlerweile der Schuldner die Zeit des Hauptprozesses dazu benutzt habe, um alles Pfändbare beiseite zu schaffen. In der Tat zeigen die Ausführungen Bauer-Mengelbergs einen Mißstand auf, der Beseitigung fordert. Aber es geht zu weit, wenn man die Maßnahme, die ihm gegenüber zu treffen ist, über den Rahmen derjenigen Tatbestände hinaus ausdehnen will, die von dem Mißstand betroffen werden. Es kommt also ausschließlich eine Sonderregelung für die Intervention gerade bei Arrestpfändungen in Frage. Ohne einen Rechtsverlust zuungunsten des

---

[1] Wolff, M.: a. a. O., S. 81; vgl. auch Schwinge: Der fehlerhafte Staatsakt im Mobiliarvollstreckungsrecht, S. 93.

[2] Die Auffassung Müllers: Wirksamkeit des Pfändungspfandrechts **1907**, 99, der in der Nichterhebung der Interventionsklage einen Verzicht des Intervenienten erblicken wollte, ist allseitig abgelehnt worden. Vgl. Schwinge: a. a. O., S. 94.

[3] ArchZivPrax. **55**, 179ff.

Intervenienten wird es hierbei nicht abgehen können[1]. Insoweit greifen alle Bedenken Platz, die gegenüber dem soeben zu 10 erörterten Vorschlage zu erheben waren. Dennoch scheint uns, daß die Entscheidung hier anders ausfallen muß. Es handelt sich hier nicht bloß um eine Kollision der Interessen von Pfändungsgläubiger und Intervenienten. Es geht um die Möglichkeit durchgreifender Sicherung gefährdeter Ansprüche überhaupt. Was BAUER-MENGELBERG vorträgt, ist nicht ein konstruierter Tatbestand, sondern eine Konstellation, die sich täglich ereignen kann und ereignet. Bei der Häufigkeit der Erhebung von Interventionsansprüchen ist mithin das gesamte Institut der einstweiligen Sicherung gefährdet. Abhilfe ist also eine unabweisbare Notwendigkeit.

Aber diese Abhilfe wird nicht in der Form erfolgen können, in der BAUER-MENGELBERG es vorschlägt. BAUER-MENGELBERG läßt das Recht des Intervenienten hinter dem des Pfandgläubigers zurückstehen. Das ist unbillig, wenn dieser sich aus anderen Sachen des Schuldners noch sehr wohl befriedigen kann. Schon die Rücksicht auf denjenigen Intervenienten, der die Ausschlußfrist *schuldlos* hat verstreichen lassen, fordert, daß der Rechtsverlust, den der Intervenient erleidet, so gering als möglich bleibe.

Dieser Anforderung dürfte der Vorschlag genügen, folgenden § 771a dem Gesetzestext einzufügen:

Gegenüber einer Pfändung aus einem Arrest oder einer einstweiligen Verfügung können Ansprüche aus einem die Veräußerung hindernden Rechte nur dann geltend gemacht werden, wenn das Bestehen des Rechts dem Pfändungsgläubiger innerhalb eines Monats nach Vornahme der Pfändung bekannt wurde. Diese Vorschrift findet keine Anwendung, wenn der Pfändungsgläubiger zu der Zeit, als ihm das Recht bekannt wurde, sich aus dem Vermögen des Schuldners eine anderweitige Sicherung beschaffen konnte.

Im einzelnen darf zur Begründung dieses Vorschlages auf die Ausführungen von BAUER-MENGELBERG Bezug genommen werden. Die Beweislast für die Möglichkeit anderweitiger Sicherung ist dem Intervenienten aufzuerlegen, weil man von ihm im Zweifel die bessere Kenntnis der Verhältnisse des Schuldners erwarten darf. Daß unter einer

---

[1] Ein solcher Rechtsverlust wäre noch am ehesten erträglich, wenn der Intervenient der Ehegatte des Schuldners ist. Es darf daher zur Erwägung gestellt werden, für derartige Fälle eine Monatsfrist zur Klageerhebung anzuordnen. Dadurch würde verhindert werden, daß ein Gläubiger, der Terminsverlegung gegen Ratenzahlungen bewilligt hat, mit einer Intervention überrascht wird, nachdem bereits geraume Zeit seit der Pfändung verstrichen und das übrige pfändbare Vermögen des Schuldners beiseite gebracht ist.

„anderweitigen" nur eine „hinreichende" Sicherung zu verstehen ist, wird keines besonderen gesetzlichen Ausspruches bedürfen.

12. Es bleibt schließlich noch die Frage zu erörtern, inwieweit die hier vorgeschlagenen Regeln über den Kreis der unter § 771 ZPO. fallenden Ansprüche hianus fernerhin Anwendung finden soll. Sie wird nur für die in den §§ 772—774 ZPO. geregelten Fälle bejaht werden dürfen. Die analoge Anwendung unterliegt insoweit keinerlei Bedenken. Einer gesetzlichen Anordnung wird sie nicht bedürfen, da die §§ 772—774 ohnehin bereits von einer Erhebung des Widerspruchs „nach Maßgabe" des § 771 sprechen.

Man könnte daran denken, die vorgeschlagene Sonderregelung auf diejenigen Tatbestände für anwendbar zu erklären die systematisch Unterfälle der Widerspruchsklage darstellen, insbesondere also auf die konkursrechtliche Aussonderungsklage und auf die Widerspruchsklage im Verteilungsverfahren. Allein eine nähere Betrachtung zeigt, daß die ganz überwiegend auf die Vorbereitung des Rechtsstreits abgestellte, hier in Vorschlag gebrachte Regelung für jene tatsächlich so ganz anders gelagerten Fälle keine Geltung beanspruchen kann. Alle die Fragen, die hier zur Debatte standen — Regelung der einstweiligen Einstellung, Kostenfragen, Glaubhaftmachung — spielen dort keine oder eine gänzlich andere Rolle. Das ist ein Musterbeispiel dafür, wie wenig fruchtbar unter Umständen das Denken in rein konstruktiven Kategorien auf rechtspolitischem Gebiete sein kann. Richtig ist freilich, daß auch diese Prozesse in starkem Maße das Bedürfnis nach Beschleunigung zeigen, weil auch sie Zwischenstreitigkeiten innerhalb der Vollstreckung darstellen. Gelegentlich der Erörterung, die der Beschleunigung der Rechtsmittelerledigung diente, ist bereits auf einige Maßnahmen hingewiesen worden, die im Sinne einer solchen Beschleunigung fördernd wirken könnten. Eine Prüfung der Frage, was weiterhin noch für diese Prozeßtypen getan werden könnte, würde indessen den Rahmen dieser Arbeit überschreiten.

Verzeichnis der formulierten Vorschläge.

GPSR Compliance

The European Union's (EU) General Product Safety Regulation (GPSR) is a set of rules that requires consumer products to be safe and our obligations to ensure this.

If you have any concerns about our products, you can contact us on ProductSafety@springernature.com

In case Publisher is established outside the EU, the EU authorized representative is:

Springer Nature Customer Service Center GmbH
Europaplatz 3
69115 Heidelberg, Germany

Batch number: 10844827

Printed by Printforce, the Netherlands